シリーズ◈世界の思想

ウィトゲンシュタイン

論理哲学論考

古田徹也

角川選書

1003

はじめに

「現代哲学（二十世紀哲学）を代表する哲学書ベストスリーを挙げよと言われれば、国の内外を問わず、たいていの哲学者はL・ウィトゲンシュタイン『論理哲学論考』（一九二二年）とM・ハイデガー『存在と時間』（一九二七年）とにまず指を屈し、三番目をどれにするかでいささか迷うことであろう」（野家啓一『はざまの哲学』、青土社、二〇一八年、12頁）。

実際、『論理哲学論考』は、現代哲学の最重要文献に数え入れられるものである。哲学の問題すべてを一挙に解決するという、哲学史上でも他に類例のないほど野心的な試みを遂行したこの書物は、同時にまた、ある思想的潮流の本格的な始まりを告げる記念碑的な仕事でもある。すなわち、言語の論理を分析することを通して哲学的問題に解決を与えるという、いわゆる「言語論的転回」である。当時のドイツ語圏や英語圏の哲学界に大きな衝撃を与え、いまなお新たな読者を獲得し続ける書物こそが、『論理哲学論考』なのである。この書物を抜きにして現代哲学を語るのは、少なくともかなり骨の折れる作業になることだろう。（ちなみに、『論理哲学論考』の原題は、ドイツ語の *Logisch-Philosophische Abhandlung*、およびラテン語の *Tractatus Logico-Philosophicus* である。この原題に忠実に訳すとするならば、

『論理的・哲学的論考』というのが正確な書名になる。）

このように、『論理哲学論考』――以後、これを『論考』と略すことにする――が公刊後に世界に与えた影響は深く、そして多岐にわたる。それは哲学だけではなく、論理学、言語学、社会科学、さらには文学などにも広がっている。しかし、この書物は、記号論理学（数理論理学）の道具立てを駆使し、極めて特異な形式と文体で書かれているがゆえに、悪名高い難解さでも知られている。

分量自体は非常にコンパクトだ。たとえば、岩波文庫版の邦訳で一五〇ページに満たない。にもかかわらず、読み通すのは至難である。極端に切り詰められた内容と、印象的な警句の数々は、多くの人々を惹きつける力をもってきたが、それが同時に、読者に立ちはだかる厳しい障壁となってきたのも事実なのである。

本書は、そうした一筋縄ではいかない書物の内容を理解するための、一番初めのガイドとなることを企図している。

日本語で読める『論考』の解説書や研究書は、すでに数多く刊行されている。その一部はこれから主に本書の註および文献案内において紹介できるだろう。本書の位置づけは、発展的ないし専門的な解釈を行っているそれらの解説書・研究書の手前にある。つまり、まだ『論考』を読んだことのない人や、ウィトゲンシュタインの哲学自体に馴染みのない人、さらには、哲学や論理学に関する知識をほとんどもたない人も対象にしている。それゆえ、『論考』の叙述のうち、次のような箇所については扱うことができない。たとえば、この書物のなかに登場はするものの、そこを理解せずとも趣旨の理解には支障のない箇所。また、記号論理学をひととおり習得していることを前提とし、かつ、彼の師であるゴットロープ・フレーゲやバートランド・ラッセルの論理学体系について一定の知識をもっていることを前提とする箇所も、本書ではその多くを省略している。それらを扱うなら、本書の分量はいまの何倍にも膨れ上がってしまうだろう。（代わりに、註やコラムのなかで、その種の箇所を理解するための基礎知識や文献を提示している。）さらにまた、六・二節以下をはじめとする数学論や、五・一五節以下で展開される確率論についても、本書では扱うことができない。

本書が行うのは、『論考』読解のために最低限理解する必要がある箇所を具体的に取り上げ、それを一から解きほぐしていくことである。繰り返すように、本書を読み進めるために事前の知識は必要ない。代わりに、どうか、抜粋した原文と解説を行きつ戻りつ、ゆっくり読んでほしい。

いったい、『論考』は何を問題にし、それをどのようなアイディアと方法で解こうとし、その末にどのような結論を導き出したのか。その「骨」となる部分を着実に捉えていくことにしよう。そこを辿《たど》るだけでも、真理を摑み取ろうとする稀代の哲学者の野心と苦心が、決して色あせない思考の閃きと深みが、豊かに湛えられていることを我々は確認できるだろう。

目次

凡例

一、本書では、『論考』からの抜粋の際、既存の邦訳を大いに参考にしているが、原典（*Tractatus Logico-Philosophicus*, Routledge & Kegan Paul, 1922）からすべて新たに訳し起こしているため、必ずしも既訳の文言と一致していない。訳者の方々にはお詫びと御礼を申し上げる。なお、参考にした『論考』の邦訳は、刊行年の古い順に以下のとおりである。

・坂井秀寿訳、法政大学出版局、一九六八年。
・奥雅博訳、〈ウィトゲンシュタイン全集1〉、大修館書店、一九七五年。
・野矢茂樹訳、岩波文庫、二〇〇三年。

一、訳文中の傍点による強調箇所は、特にことわりがない場合には、原著者がイタリック体等で強調している箇所である。
一、訳文中の……は、原文の一部や節全体を省略していることを表している。
一、訳文中の亀甲括弧〔 〕は、本書の筆者による補足箇所を表している。
一、註等で略記している文献については、その詳細な書誌情報を、巻末近く346頁以下の「文献案内」に掲載している。

一、本書で行っている各セクションの区切り（§1〜§35までの各セクションの区切りおよびその標題）は、原典には存在しない。
一、註は、各セクションの末尾に配置している。

人と作品

【生涯】

ウィトゲンシュタイン家に生まれて

一八八九年四月二六日、オーストリア＝ハンガリー二重帝国の首都ウィーンで、ルートウィヒ・ウィトゲンシュタインは誕生した。

父の「鉄鋼王」カールは、オーストリア近代産業の父と称えられる、当時のヨーロッパ屈指の実業家だった。母のレオポルディーネは、カトリックの信仰篤く、また、音楽をはじめとする芸術的才能にあふれた女性だったという。そしてどちらも、キリスト教に改宗したユダヤ人の血を引いていた。

ルートウィヒは八人兄弟（男五人、女三人）の末っ子だ。彼の生まれ育った家は、「ウィトゲンシュタイン宮殿」ともあだ名されたウィーン有数の大豪邸であり、両親が支援し交流していた芸術家が数多く出入りしていた。ロダン、ハイネ、クリムト、ブラームス、マーラー、パブロ・カザルス等々、まさに錚々《そうそう》たる面々である。

途方もなく裕福で、当代一流の芸術に囲まれたウィトゲンシュタイン家だが、そこが幸福な場所だったとは言いがたい。エネルギッシュな父の期待と圧力、特異な家庭教育、あるいは生得的な気質など、原因は様々に考えられるが、結果として、彼の兄四人のうち三人までもが自殺している。そして、彼本人も長く、自殺を考え続けた。

工学・数学から、論理学・哲学へ

十四歳まで家庭で教育を受けた彼は、その後、リンツの高等実科学校に進んだ。（ちなみに、この学校には同年生まれのアドルフ・ヒトラーも通っていた。）それから彼はベルリンの工業大学に進学し、さらに海を渡ってイギリスのマンチェスター大学の工学部で学んだ。つまり、彼の最初の関心は工学にあったということだ。彼はそこで高層気流の研究のほか、プロペラの設計などに打ち込んだが、やがて関心は数学に移り、そこから数学基礎論、論理学、そして言語哲学へと関心を広げていった。

一九一一年夏、彼は今後の自分が進むべき道を探るため、ドイツの都市イエナに住むゴットロープ・フレーゲを訪ねた。フレーゲこそ、現代の論理学の祖であると同時に、数学基礎論と言語哲学においても当時の最重要人物のひとりだった。老齢のフレーゲは彼に対して、イギリスのケンブリッジ大学で教鞭を執るバートランド・ラッセルの下で学ぶよう勧めた。これが、彼の以後の生涯にとって決定的な契機になったと言っていい。

同年秋、彼はラッセルと面会し、翌年にはケンブリッジ大学に入学した。論理学者としてすでに世界的な業績をあげていたラッセルの下で、彼はすぐに頭角を現した。その後、二年足らずの間に、彼はむしろラッセルの思想に影響を与えるまでに成長する。

また、ケンブリッジ大学在学時の彼は、後に世界を代表する経済学者となるJ・M・ケインズや、当時の同大学講師で後に教授となるG・E・ムーアなどとも出会い、交流を深めている。特にムーアは、ウィトゲンシュタインの思考をまとめるために口述筆記を行うなど、その公平無私な人柄によって、後々まで彼を公私両面で支援することになる。

父の死、第一次世界大戦、そして『論考』の完成

ウィトゲンシュタインが彼らと長く親交を保てたのは、彼らの寛大な度量に負うところが大きい。ウィトゲンシュタインは奇行が多く、激しやすく、繊細で、自分にも他人にも誠実さを厳しく求めて、たびたび人と衝突した。彼は孤独を深く恐れつつも、心底から孤独を求めもした。彼はしばしば、他者から隔絶された山奥や寒村に長く滞在することを必要とした。そのような寂寞《せきばく》の地で彼は、自分自身と対話しつつ思考をめぐらすことに没頭した。総じて彼の人生は、青年期から晩年に至るまで、才気と狂気の危ういバランスの上を走り続けるものだった。

父カールの遺産をめぐるエピソードは、そうした彼の特異性を如実に物語るものだろう。ケンブリッジ大学で論理学と哲学に打ち込んでいた頃、父が死去し、彼は莫大な遺産を手にした。しかし、彼はそれを不遇な芸術家たちに寄付するなどして、やがてすべてを手放してしまったのである。

また、同じ頃彼は、自ら死地を求める行動をとってもいる。一九一四年、第一次世界大戦が勃発すると、彼はすぐさまオーストリア軍の義勇兵に志願し、最前線に立った。彼はそこで勲章を授与されるほどの勇敢さを見せることになる。

そして、彼はまさにその戦地で、自らの才能を大きく花開かせている。彼はこの大戦の間、ときに塹壕《ざんごう》のなかで自らの思考をノートに綴り、かたちにしていった。それこそが、後に『論理哲学論考』と題される書物の原形にほかならない。

彼は、『論考』の内容となるものを一八年にはほとんど書き上げていたが、その頃、オーストリア軍がイタリア軍に降伏するとともに捕虜の身となった。彼は、完成した『論考』の原稿を、捕虜収容所からラッセルに送った。その後、『論考』の出版はかなり難航し、一九二一年になってようやく、ラッセルの長大な序文付きで雑誌『自然哲学年報』に掲載され、翌二二年には独英対訳版の書籍として出版された。

哲学からの離脱、哲学への回帰

彼は、『論考』の完成によって、哲学上の問題の一切に解決を与えられたと信じた。フレーゲとラッセルが発展させた記号論理学を吸収し、ときにそれに改良を加えながら、言語と世界にまつわる決定的な思想を打ち立てることができたと確信したのである。一九一九年八月、彼は捕虜収容所から釈放されると、ケンブリッジ大学には戻らず、哲学の表舞台から長らく離れることになる。

彼は地元のオーストリアに戻ると、小学校の教師となって奮闘するが、六年後に生徒への体罰事件を起こして辞職する。その後、修道院の庭師として働いたり、姉の邸宅の設計を行うなどして暮らしていたが、この頃、彼の許《もと》にモーリッツ・シュリックやルドルフ・カルナップらの哲学者が訪れるようになる。彼らは「ウィーン学団」の主要メンバーであり、論理実証主義と呼ばれる思想運動を推し進めていた。そして、運動の理論的支柱として『論考』を熟読していた彼らは、そのいわば「聖典」の著者に会いに来たのである。

ウィトゲンシュタインとウィーン学団の邂逅は、その後、両者の哲学観の根本的な相違や、彼の気難しい気質の問題なども手伝って、すれ違いや決裂という結果に終

若きウィトゲンシュタイン
（1920）
Copyright Wittgenstein
Archive Cambridge
協力　ユニフォトプレス

わった。ただし、彼の心にもう一度哲学への志が宿り、『論考』の思想の先へと彼を向かわせる、その大きな要因になったのは間違いないだろう。一九二九年一月、四十歳になる年に彼は、ケンブリッジ大学へと舞い戻ることになる。

後期ウィトゲンシュタインの歩み

ケンブリッジ大学復帰後の彼は、まず、『論考』を学位論文として提出して博士号を授与された。その口頭審査はラッセルとムーアが務めたが、その場で彼は二人の肩を叩き、「心配しなくていい、これをあなた方が理解できないことは分かっている」と言ったという。ムーアはその後、審査報告に次のように記している。「私の意見では氏の学位論文は天才の仕事だが、それはともかく、ケンブリッジ大学の哲学博士号を授与するのに十分な水準に達していることは疑いない」。

ただ、以降の彼は次第に、『論考』で自らが展開した議論に対する批判を展開するようになる。そして、それと同時に、「言語ゲーム」というアイディアを核とする、新たな言語哲学を構築し始める。それゆえ、ウィトゲンシュタインの哲学は、「前期」と「後期」というふたつの時期に大別して捉えるのが現在では常識となっている。(ちなみに、彼の立場の変遷をさらに細分化して捉えて、「中期ウィトゲンシュタイン」や「晩期ウィトゲンシュタイン」について語る向きもある。)

一九三九年二月、後期の主著である『哲学探究』第一部の執筆が佳境を迎えていた頃に彼は、ケンブリッジ大学教授に就任した。一九二五年から教授を務めていたムーアの退職後、その後任として選ばれたのである。当時、哲学者としての彼の名声は揺るぎないものになっていた。彼に極めて批判的な同僚C・D・ブロードさえ、「ウィトゲンシュタインに哲学教授の椅子を与えるのを拒否することは、アインシュタインに物理学教授の椅子を与えるのを拒否するようなものだ」と語ったほどだ。

とはいえ、その椅子は彼にとって全く居心地のよいものではなかった。というより、大学やアカデミズムというものの雰囲気や慣行に、彼は我慢がならなかった。特に、同年秋に第二次世界大戦が勃発すると、彼は大学で過ごすよりも、イギリスをはじめとする連合国側に何かしら貢献ができないか模索し続けた。彼はすでにイギリス市民権を取得しており、また当時、オーストリアは、ヒトラーのナチス率いるドイツに併合されていた。ユダヤ人の血を引くウィトゲンシュタイン家にとって、故国はもはや安んずべき場所ではなくなってしまっていたのだ。

一九四一年以降、彼は大学を休職して、ロンドンをはじめとする病院で奉仕活動などに専念した。彼は再び戦場に立つことはなかったが――彼はもう五十二歳になっていた――、戦争に対して自分自身の身で向き合う道を選んだのである。四四年、戦局が安定してくると彼は大学に戻ったが、戦後の四七年には、早々に教授職を辞して、執筆活動に専念することになる。

晩年――「素晴らしい人生だったと彼らに伝えてほしい」

戦後の彼は、アイルランドやノルウェー、イギリスのオクスフォード、ケンブリッジ、そして故郷ウィーンなどを一人で転々としながら生活した。それらの地で、彼は主として人間の心をめぐって思考を重ね、ノートに書き綴っていた。

しかし、彼は六十代に差し掛かると、心身の極度の不調にたびたび悩まされるようになり、哲学することができない日々も長く続くようになる。哲学することを、彼は「仕事」と呼んだ。それは彼にとって、知力と体力を振り絞り、可能な限りの集中力を投下して行う、どこまでも真剣な格闘にほかならなかった。この頃、彼が人に宛てた手紙には、「今日も仕事ができなかった」、「今後、仕事ができるだろうか」、そうした悲痛な言葉が並んでいる。一九四九年一〇月、彼はついに病に倒れ、末期の前立腺癌であることが発覚した。

死に至る病に蝕まれ、彼が仕事をすることは益々困難になった。二度と哲学ができないかもしれないとも考えていた。しかし、一九五一年三月、「素晴らしいことが私に起こった」、そう彼は書きつけている。二年間彼の頭を覆っていた靄《もや》が、すっかり晴れ渡った心持ちになった。体の苦痛は薄れ、気力が湧き、集中力が続くようになった。彼は猛然と仕事を続け、『確実性の問題』、『色彩について』、そして『ラスト・ライティングス』第二巻というタイトルで現在知られている論考の多くの部分を書き残した。生命が燃え立つような、彼の知性の最後の輝きは、死の二日前、彼が重体に陥るまで消えなかった。

四月二八日の夜、彼の枕元には、友人の医師の妻が付き添っていた。彼女は、イギリスにいるあなたの友人たちは翌朝には来るでしょうと語りかけた。彼は、「素晴らしい人生だったと彼らに伝えてほしい」と言った。それが最期の言葉となった。翌二九日、彼は六十二歳で亡くなった。

素晴らしい人生だったと伝えてほしい、そうウィトゲンシュタインが願った「彼ら」のひとり、愛弟子のノーマン・マルコムは、この師の言葉をめぐって次のように書き綴っている。

> ウィトゲンシュタインの底知れないペシミズム、彼の精神的・道徳的な苦しみの激しさ、彼が自らの知力を酷使する容赦ない仕方、そして、愛を必要としつつ、同時に愛を遠ざける彼の厳しさ――これらのことを考えれば、彼の人生はひどく不幸なものだったと私は思いたくなる。それでも、最期に彼自身は「素晴らしい」ものだったと叫んだ！　私にとってこの言葉は不可解だが、不思議に心打たれるものに感じられるのだ。（Malcolm, *Ludwig Wittgenstein*, p.81）

【作品】

著作

現在、我々が手にできるウィトゲンシュタインの著作は数多い。しかし、彼の生前に公刊されたのは、実はただ一冊、『論理哲学論考』のみだ。(正確にはもう一冊、彼が小学校教員時代に作った本がある。ただ、それは哲学書ではなく、子どもの学習のためのコンパクトな辞典である。)

つまり、『論考』以外の彼の著作はすべて、彼の死後に弟子たちが編纂して出版した遺稿だということである。たとえば、『草稿一九一四―一九一六』や*Prototractatus*(『原論考』)というタイトルが付けられた書物は、『論考』の完成以前に彼が書きつけたノートが基になっており、『論考』成立の過程を知るための重要な資料になっている。

ただし、後期の著作のひとつである『哲学探究』——特に、その第一部——は、ほかの遺稿と事情が異なっている。というのも、これに関しては彼は明確に出版を企図し、ケンブリッジ大学出版局と何度も交渉を行っているからである。実際、『哲学探究』第一部は、構成の綿密さや内容の豊かさなどの点で高い完成度を有しており、『論考』と並ぶ彼の主著とも見なされている。

また、同じく後期の著作のうち、『青色本』という名で呼ばれるものは、一九三〇年代半ば、彼が自身の考察の一端を数人の学生に口述筆記させたノートである。このノートは内容が比較的よくまとまっており、しかも、彼自身の切り詰められた文体とは違い、通常の散文の形式で記述されている。さらに彼は、このノートをほかの多数の学生が回覧することを許していた。これらの点から、『青色本』は、彼自身の意志による出版物に近いものと見なすことができるだろう。

この『青色本』および、前述の『哲学探究』第一部に比べれば、後期のほかの遺稿、たとえば『数学の基礎』や『心理学の哲学』、『ラスト・ライティングス』、『哲学探究』第二部、『確実性の問題』、『色彩について』などは、未完成のノートという性格が強く、断片的な記述も散見される。それでも、これらの遺稿には、後代に深い影響を与えた議論が豊富に詰め込まれており、我々の思考を刺激するアイディアの宝庫だと言える。

日記、雑記

以上の、『論考』と『哲学探究』を中心とする著作群は、個別の哲学的主題を深く掘り下げたものだが、それ以外に彼が書き残した日記や雑記の類《たぐ》いも、世界で広く読まれ、愛好者が多い。いま現在公刊され、日本語で読めるそうした著作には、『反哲学的断章』、『哲学宗教日記』、『秘密の日記』の三冊がある。

このなかで最も重要なのは、『反哲学的断章』だろう。ここには、ほかの遺稿のなかであまり扱われていないテーマをめぐる、ウィトゲンシュタインの率直なコメントが収められている。たとえば、宗教について。天才について。音楽について。文学や建築について。さらには、演劇や祭り、夢、科学、進化論、ヨーロッパ文明等々に対する言及もあるほか、ショーペンハウアーやカール・クラウスなど、彼が影響を受けた人物たちに対する短評も収録されている。短い言葉で人を啓発する彼の文章の魅力が非常によく出ているのが、この著作なのである。

講義録

最後に、彼の講義録について触れておこう。ケンブリッジ大学の彼の講義に出席していた学生たちがその内容を記録したノートも、その一部が現在公刊されている。『ウィトゲンシュタインの講義　ケンブリッジ一九三二―一九三五年』や、『ウィトゲンシュタインの講義　数学の基礎篇　ケンブリッジ一九三九年』などである。

これらは、あくまでも学生が自分に理解できるかたちで――あるいは、理解できぬまま――書きとめ、再構成したものにすぎない。しかし、頭を振り絞り、その場で繊細な思考を紡いでいく、ウィトゲンシュタインのスリリングな講義を追体験することができる。また、これらの講義録では、彼が絶えず学生に問いかけ、多様な例を挙げながらゆっくりと議論を進めているがゆえに、後期の彼の哲学を理解するための格好の副読本としての役割も果たしてくれるだろう。

＊＊＊

しかし、本書で扱うのは、前期の彼の哲学、『論理哲学論考』である。この書物の核心を彼が自ら解説してくれている講義録などは存在しない。それゆえ、『論考』の文章それ自体をじっくり辿っていくことが、その内容を理解する最も近道だと言えるだろう。

本書はこれから、まさにその作業への最初の足掛かりをつくることを試みるわけだが、その前にまず、多少の準備運動が必要である。次の§0では、『論考』を読み進めるために必要な前提知識として、『論考』がそもそも何を問い、それにどうアプローチしているのかについて簡単に紹介する。また、『論考』は極めて特異な体裁で書かれた書物であるので、その仕組みや、全体のおおよその構成についても併せて解説を行うことにする。

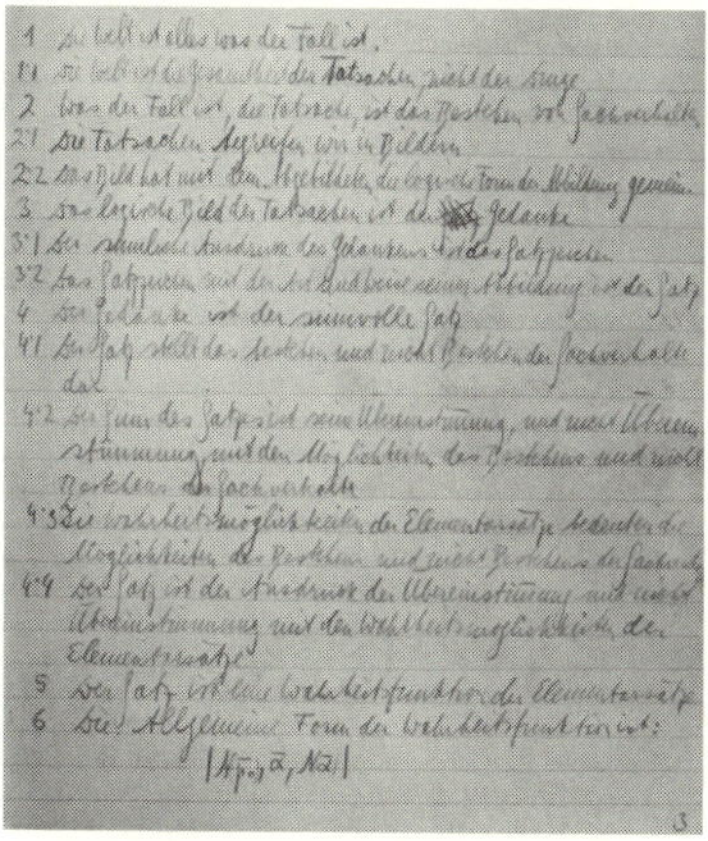

『論理哲学論考』の最終手稿
Copyright Wittgenstein Archive Cambridge
協力　ユニフォトプレス

参考文献

・クリスティアンヌ・ショヴィレ『ウィトゲンシュタイン――その生涯と思索』、野崎次郎・中川雄一訳、国文社、一九九四年。
・ノーマン・マルコム『ウィトゲンシュタイン――天才哲学者の思い出』、板坂元訳、平凡社、一九九八年。(Malcolm, N., *Ludwig Wittgenstein: A Memoir*, 2nd ed., Clarendon Press, 1984.)
・ブライアン・マクギネス『ウィトゲンシュタイン評伝――若き日のルートヴィヒ 一八八九―一九二一』、藤本隆志・今井道夫・宇都宮輝夫・高橋要訳、法政大学出版局、一九九四年。
・レイ・モンク『ウィトゲンシュタイン――天才の責務』1・2、岡田雅勝訳、みすず書房、一九九四年。
・黒崎宏『ウィトゲンシュタインの生涯と哲学』、勁草書房、一九八〇年。

§0　『論理哲学論考』の目的と構成

【目的】

哲学の諸問題を一挙に葬り去る

ウィトゲンシュタインは、『論考』を何のために書いたのだろうか。それは、哲学の問題すべてを解決することである。ただし、解決といってもそれは、問題ひとつひとつに具体的に解答を与えていく、という仕方でなされるわけではない。そうではなく、彼は、哲学の問題のほとんどが擬似問題であることを一挙に証《あか》し立てようとするのである。

古来人々は、「哲学」や、その一部門としての「倫理学」、「美学」、「形而上学」といった名の下で、経験的な内容を超えた世界の本質や原理について問うてきた。そして、それに対する解答を探ってきた。たとえば、なぜ世界は存在するのか。人の生きる意味は何か。普遍的な倫理や美とはどのようなものか。魂は不滅なのか。神は存在するのか。世界は因果法則に従っているのか、等々。ウィトゲンシュタインの考えでは、これらの問題はすべて人々の言語使用の混乱から生じたものにほかならない。つまり、昔から哲学の領域でなされてきた大半の議論は、言語が従っている論理について人々が十分な見通しをもっていないがゆえに延々と続けられてきた、全く無意味な問いと答えの応酬にすぎない、というのである。

『論考』の末尾には、次のような一節が結論として掲げられている。おそらくは、現代哲学で最も有名な文章のひとつだろう。

「語りえないことについては、沈黙しなければならない」。

語りえないこと——それは主として、「人の生きる意味は○○である」、「人が従うべき普遍的な倫理は○○である」、「○○は絶対的な価値をもつ」、「神は存在する（あるいは、神は存在しない）」、「魂は不滅である（あるいは、魂は存在しない）」等々、哲学の問題に対して具体的な解答として提出されるような主張を指す。しかし、それらはそもそも有意味な言葉にはなりえない。そうした試みは言うなれば言語の限界を超えているとウィトゲンシュタインは考える。「語りえないことについては、沈黙しなければならない」という一節は、さしあたりはそう解釈できる。（ただ、この一節にはさらに別の意味合いも含まれていると思われる。それについては本書の最後にあらためて考えることにしよう。）

語りえないことがあることを語る

以上のように、『論考』は、言語の限界を明らかにすることで哲学の問題を一挙に解決しようとする著作である。すなわち、哲学の問題に対する解答を我々が与えようとしても、どうしても有意味な言葉になりえない――語りえない――ということを証し立て、それによって哲学の諸問題を擬似問題として葬り去ろうとする、途方もない野心をもった著作なのである。

しかし、そのように言語の限界を明らかにすることなど、本当にできるのだろうか。言い換えれば、我々はそもそも、「語りうること」と「語りえないこと」の区別をつけることができるのだろうか。

仮に我々が、「○○については語りえない」ということを有意味に語りうるとしてみよう。しかし、その場合、「○○」の部分は何かしら意味のある言葉ということになってしまう。たとえば、「魂が不滅であるかどうかについては語りえない」と語ることができるとするなら、魂が不滅であるかどうかというのは少なくとも意味のある問いであり、擬似問題ではないことになる。言い換えれば、魂の不滅性は語りうる事柄だということになってしまうのである。

では、逆に、「○○については語りえない」の「○○」の部分は全く意味を成さない、としてみてはどうか。すると、今度は、「○○については語りえない」という発言全体もそもそも意味を成しえなくなってしまう。たとえば、「あぷぺぽぽらについては語りえない」という発言の意味を、我々は理解できないだろう。なぜなら、この発言が何について語っているのか——というより、そもそも何ごとかについて語っているかどうか自体——我々には分からないからである。

つまり、「○○については語りえない」という発言が何ごとかについて語っているとすれば、まさにそれについて語りうるということになるし、逆に、何ごとも語っていないとすれば、まさにそのような発言自体が意味を成さないということになる。いずれにせよ、我々には、「これについては語りうる／語りえない」という判断を下すことは不可能であるように思われるのだ。

この不可能性は、言語と思考の分離不可能性という観点で捉えることもできる。もしも我々が、いわばいったん言語の外に出て、語ることとは独立に考えることができるのだとすれば、「これについては語りうる／語りえない」という判断を下すことが可能となるだろう。しかし、いままさにその判断が言葉で語られていることからも明らかなとおり、我々は気づいたときにはすでに言葉を用いて考えているのであり、どうあがいても、言語の外に出て言葉なしに考えるということはできない。言い換えれば、我々はどこまでも、言語の内側から、語ることにおいて考えるしかない。それゆえ、たとえば、「○○については語りえない」という言葉を用いることなしに、それに類する何らかのいわば非言語的な判断を下す、ということなど、我々には理解不可能な営みでしかないだろう。だとすれば、「○○については語りえない」という判断――そのような言葉で言い表される言語的な判断――を下すことは、やはり我々には不可能ということになるだろう。

しかし、『論考』という野心的な著作は、まさにその判断が可能だと主張する。すなわち、我々はある意味で、語りえないことがあるということを語りうるというのである。いったいどうやったら、そんなことが可能なのだろうか。その仕掛けを探り、理解すること、それが『論考』を読み解く主な道筋となる。

【構成】

入れ子状の複雑な体系

『論考』の目的を確認したところで、最後の準備運動として、この書物の構成について見ておくことにしよう。

『論考』の基幹となるのは、以下の七個の文章である。まず、ざっと眺めてみよう。（大半はそれだけでは意味不明だが、現段階では全く気にしなくていい。）

一　世界は、成立している事柄の総体である。

二　成立している事柄、すなわち事実とは、事態の成立のことをいう。

三　事実の論理像が、思考である。
四　思考とは、有意味な命題のことである。
五　命題は、要素命題の真理関数である。
（要素命題は、自分自身の真理関数である。）
六　真理関数の一般形式は、$[\bar{p}, \bar{\xi}, N(\bar{\xi})]$ である。
　これは命題の一般形式である。
七　語りえないことについては、沈黙しなければならない。

そして、各節の文章それぞれについてのコメント（補足ないし注釈）が記された約五百個の文章が並んでいる。たとえば、最初の第一節周辺の記述は以下のようになっている。

一　世界は、成立している事柄の総体である。
一・一　世界は事実の総体であり、物の総体ではない。
一・一一　世界は諸事実によって規定される。さらに、それらが事実のすべてであることによって規定される。
一・一二　なぜなら、事実の総体は、どのようなことが成立しているかを規定すると同時に、どのようなことが成立していないかも規定するからである。

一・一三　論理空間のなかにある事実が世界である。

これらの節で具体的に何が述べられているかについては、すぐ後で本格的に読解を始める。ここで確認すべきなのは、各節の番号の規則だけである。

たとえば、一・一節と一・二節の内容は、一節へのコメントとなっている。そして、一・一一節、一・一二節、一・一三節の内容はすべて、一・一節へのコメントとなっている。また、『論考』のなかにはたとえば「五・五四五二」という長い番号が付された節があるが、これは、五・五四五節へのコメントとなる節であることを示している。

このように、『論考』は、上記の七個の文章を頂点に、それらへのコメントとなる文章群、さらにそれらの文章群へのコメントとなる文章群……、という入れ子状の構造をもった、非常に特異な書物である。そのため、いま読んでいる節の文章が別のどの節に関連して書かれたものなのかということを、読者はある程度意識しておく必要がある。つまり、『論考』はその見掛け上のコンパクトさとは裏腹に、各節同士の連関を考慮しながら読むことを要求する、複雑な体系を構成しているのである。

前後する議論の筋道

もうひとつ、『論考』を読みにくくさせているのは、前後するその議論の筋道である。

ある簡潔な主張がなされた後、それに深く関連する比較的詳しい議論がずっと後になって展開されている場合もしばしばなのだ。したがって、ともかくいったん最後まで読み通しておかないと、最初の方の節の内容もはっきり捉えることができない。つまり『論考』は、二度も三度も繰り返し読み直すことを読者に要求するのである。

本書は、そうした読者の負担を和らげるために、本文を適宜省略したり、後続する内容を先取りした解説を行うことなどによって、できるだけ最初から順に読み進めつつ、しかも内容の大枠を摑む、ということが可能となるように工夫している。その意味で、まず本書を読んでから、『論考』本体の読書に向かうことを勧めたい。

『論考』全体のおおよその構成

とはいえ、本書を読み進めることに対しても、多くの読者がこれから負担を感じることだろう。この議論はいったい何をしようとしているのか、どこに向かっているのか、という疑問が先に立って、なかなか内容を呑み込めないという人も出てくると思われる。したがって、読者の便宜のために、ここで『論考』の議論のごくおおまかな流れを紹介しておくことにしたい。

まず、『論考』のゴールは、先に確認したように、語りうることと語りえないこととの境界線を引くことである。このゴールに辿り着くために、ウィトゲンシュタインがさしあたり提示しようとするのは、真偽の値をもちうる言葉である「命題」を、現実（実際の世界のあり方）を写し取る像ないし模型として捉える視座であり、そして、言語を命題の総体として特徴づける見方である。つまり、言語と世界を写像という関係で把握することが、この著作の当面の目標となる。

そのために、『論考』ではまず最初に、そもそも世界とは何か、世界はどのような要素からなるか、現実とは異なる世界の可能性はいかにありうるのか、といった問題が取り上げられる（本書§1〜4）。

そのうえで今度は、現実の模型（像）としての命題とはどのようなものかという問題が扱われ、言語が世界を写し取るということの内実が探究される。その過程で同時に、世界の可能性をこれ以上なくきめ細かい仕方で明晰に描き出せる言語とはどのようなものかも、論理学の道具立てを用いつつ輪郭づけられることになる（§5〜14）。

そうして、言語と世界の写像関係が明らかにされると、そのことを起点に言語の限界が見定められていくことになる。まず、世界と写像関係をもちえない言葉——つまり、現実の模型たりえない命題——が、無意味な命題もどきとして規定される。そのうえで、我々が哲学の諸問題への解答を語ろうとすると、それらがことごとくそうした命題もどきになるという消息が辿られることで、我々が言葉にできることの限界が示される（§15〜34）。

本書を読み進めるうえで一番苦しいのは、§14まで——『論考』本体で言えば三番台の節まで――を理解することである。逆に言えば、そこまでの内容を十分に理解できれば、その後の内容を追うのはそれほど大変ではない、ということだ。

本書を読む過程を登山に喩えるならば、前半部の坂道が最も急で険しく、その後はむしろ緩やかな登りが続くと思ってもらえればいい。本書の解説をガイドに、頂上の第七節、「語りえないことについては、沈黙しなければならない」という一文に辿り着くまで、何とか登り切ってほしい。

＊　＊　＊

ともあれ、以上の構造や構成を頭に入れてもらったならば、『論考』の文章に向き合うための準備が整ったことになる。これから早速読み始めることにしよう。

§1　事実の総体としての世界、可能性の総体としての論理空間――一〜一・一三節

【抜粋】

一　世界は、成立している事柄の総体である。

一・一　世界は事実の総体であり、物の総体ではない。

一・一一　世界は諸事実によって規定される。さらに、それらが事実のすべてであることによって規定される。

一・一二　なぜなら、事実の総体は、どのようなことが成立しているかを規定すると同時に、どのようなことが成立していないかも規定するからである。

一・一三　論理空間のなかにある事実が世界である。

……

【解説】

物が集まっただけでは世界にならない

以上が、『論考』冒頭の一連の文章である。

先に35-36頁でも述べたように、この著作の最大の難所はいきなりやってくる。つまり、出だしから前半五分の一あたりまでが最もとっつきにくい。したがって、ここは焦らず、根気強く、ゆっくり理解を進めていってほしい。

さて、この一番台の節では、世界とは何か、世界はどのような要素から構成されるか、といったことが確認されている。もう一度、本文を読み返してみよう。

「世界は、成立している事柄の総体である」、「世界は事実の総体であり、物の総体ではない」、これは当たり前のことを言っているようにも思えるかもしれない。しかし、この一節と一・一節で指摘されているのは、世界とは何かをめぐる基本的かつ重要なポイントである。

世界は、成立している事柄、つまり事実の総体（事実すべての集まり）であり、物の総体ではない。もしも逆だったらと考えてみよう。つまり、世界とは物の総体であり、事実の総体ではないとしたら、どういうことになるのだろう。

簡単に言えば、こういうことになる。ただ物が集まっただけでは、それらの物がどうなっているか、あるいは、物と物がどういう関係にあるかといったことが、全く分からなくなってしまう、と。

具体例で考えてみよう。たとえば、いま私がいる部屋のテーブルの上には、リンゴやみかん、パソコンなどがある。――いや、「ここにリンゴがある」などと言うことはできない。なぜなら、ここにリンゴがあるということ（事柄、出来事）は事実だからである。世界が物の総体であり、事実の総体ではないとしたら、「ここにリンゴがある」という事実すらも世界には含まれなくなってしまうのだ。また、当然、リンゴが赤いことや、リンゴが果物であること、いまテーブルの上にリンゴがあること、リンゴの横にみかんがあることと等々、具体的な物の性質や物同士の関係なども世界に見出せないことになる。つまり、世界がリンゴやみかん、パソコンなどの物の集まりであるとしたら、それらがいかにあるかも、それらがそもそもあるかどうかも言えなくなる。だから、世界が単なる物の総体であるはずがない。というより、我々が出会う世界は、まずもって事実の総体でなければならない。我々ははじめから、ここにリンゴがあることや、リンゴが何らかの色をもつこと、リンゴの横にみかんがあること等々に出会うのである。

この、世界がまずもって事実の総体であるというポイントは、次のような仕方で表現することもできるだろう。たとえば、「リンゴ」という物自体は真にも偽にもなりえない。「リンゴは真である」とか「リンゴは偽である」ということは全く意味を成さない。真偽を言えるのは、「リンゴが赤い」とか「テーブルの上にリンゴがある」といったことなのである。そして、そうしたことが実際に成立しているとき――たとえば、実際にリンゴが赤かったり、テーブルの上にリンゴがあったりするとき――、それらは「真である」とか「事実である」と呼ばれるのである。

事柄のすべてが「論理空間」を構成する

世界は事実の総体である。そして、事実の総体とは、成立している事柄のすべてである。したがって、事実の総体とは、どのような事柄が成立していないかも同時に定めるものである。それはちょうど、自分がこれまでどの都道府県に行ったかがはっきりすれば、それによって同時に、自分がこれまでどの都道府県に行っていないかもはっきりするようなものである。これが、一・一節へのコメントとなる一・一一節と一・一二節でウィトゲンシュタインが述べていることの中身だ。

成立している事柄であれ、成立していない事柄であれ、それらのすべて――世界の可能性の全体――を、彼はさらに一・一三節のなかで、「論理空間」と呼んでいる。この用語は今後頻出するから、いま簡単に解説しておこう。

「空間」とはここでは、可能性の全体を指す。たとえば、いま私がいる研究室という空間――いわば「私の研究室空間」――は無数の可能性に満ちている。いまは机の上にはペンが一本あるが、これは引き出しのなかにあることも可能だ。また、いまは机の右端にマグカップがあるが、これは左端にあることも可能だし、いまよりあと数センチ左寄りにあることも可能だ。本棚の本をいまとは別様に並べ替える仕方も、それこそ途方もない数にのぼるだろう。そして、言うまでもなく、可能性の全体としての空間は、この狭い研究室よりも遙《はる》かに広い。私がエベレストの山頂に立つことも、百二十歳まで生きることも、これから事実と化すことはまずないだろうが、可能性としては言及できるのである。

ウィトゲンシュタインの言う「論理空間」とは、我々に想定しうるだけの可能性が目一杯寄せ集められた、最も広い空間のことだと言える。そこでは、私は火星に降り立つこともありうるし、銀河系を脱出することもありうる。また、織田信長がスターリンと握手することもありうる。（戦国時代に人知れず存在していた天才が、織田信長をサイボーグ化して延命させたのかもしれないし、あるいは、ソ連の天才科学者がタイムマシンを発明してスターリンを過去に送り込んだのかもしれない。）さらに、明日太陽が昇らないことすらありうる。（今日これから突然現れる宇宙人が、太陽を爆発させたり軌道をずらしたりするかもしれない。）

つまり、蓋然《がいぜん》性（起こる確実性、可能性の程度）がどれほど低く、荒唐無稽なことであろうとも、また、タイムトラベルのように物理的には不可能なことであろうとも、少なくとも意味を成していさえすれば――論理的に誤りとまでは言えず、その意味で論理的には可能なことなのであれば――それらはすべてこの最も広い空間に含まれる。

逆に言うなら、「マグネットの次は織田信長だ」という文字列のような、そもそも意味を成していないこと――論理的に破綻していること――はさすがにこの空間には含まれない(1)。ウィトゲンシュタインの言う「論理空間」とは、さしあたりそのような、最低限意味を成していることの全体を指すと捉えておいてほしい。事実であれ虚構であれ、ありとあらゆる可能性の全体を、彼は「論理空間」と呼ぶのである。(なお、ウィトゲンシュタインが「論理」および「論理空間」という言葉に対して正確にはどのような意味合いを込めているかについては、もっと後になってから本格的に検討する。)

(1) ただし、「マグネットの次は織田信長だ」とか、後で本文で取り上げる「リンゴが輸血を受ける」といった文字列が、どうあっても意味を成しえないと(いわばア・プリオリに)断定するというのは、本当は不可能である。特殊な文脈の下では、あるいは比喩として捉えれば、十分意味を成すことがありうる。ただしこの点は、『論考』の時期のウィトゲンシュタインではなく、むしろそれ以降の後期の彼の哲学にとって重要な論点のひとつとなる。(後期ウィトゲンシュタインをめぐっては、後の本文の191頁や343-344頁、あるいは344頁の註(1)なども参照してほしい。)

§2　事実と事態、事態と物（対象）——二〜二・〇一四一節

【抜粋】

二　成立している事柄、すなわち事実とは、事態の成立のことをいう。

二・〇一　事態とは、対象（もの、物）の結合である。

二・〇一一　事態の構成要素になりうることが、物にとって本質的である。

二・〇一二　論理においては何ひとつ偶然ではない。ある物がある事態のなかに現れることが可能であるなら、その事態の可能性はその物のなかで予定されているのでなければならない。

二・〇一二一　……物が事態のなかに現れることが可能であるなら、その可能性は物のなかにすでにあるのでなければならない。

（論理的なことは、単に可能なことにとどまるものではありえない。論理はすべての可能性を扱い、そして、すべての可能性は論理にとっての事実とな

る。）……

……

二・〇一二三　私が対象を捉えているとき、私はまた、その対象が事態のなかに現れるすべての可能性も捉えている。

……後から新たな可能性が発見されるということはありえない。

……

二・〇一二四　すべての対象が与えられたならば、それとともに、すべての可能な事態も与えられる。

……

二・〇一四　対象はあらゆる状況の可能性を含んでいる。

二・〇一四一　事態のなかに現れる可能性が、対象の形式である。

……

【解説】

物（対象）は事態から分節化される

ここから、節番号は二番台に移り、「事態」という概念が登場する。

事実	成立している事柄
事態（状況）	成立可能な（または、実際に成立している）事柄
物（対象）	事態の構成要素
世界	事実の総体
論理空間	事態の総体

事実として成立しているにせよ、成立していないにせよ、論理的に可能な事柄。それをウィトゲンシュタインは、「事態」あるいは「状況」と呼ぶ。逆に言えば、成立している「事態」（＝状況、事柄）のことを、彼は「事実」と呼ぶのである（二節）。この「事実」と「事態」という対比を用いて先のポイントを確認し直すなら、こうなるだろう。世界ははじめから事実の総体としてあり、そして同時に、世界のあらゆる可能性を含んだ論理空間――事態の総体――が限りなく広がっている、と。

そして、彼によれば、事態はいくつかの物が結合することで構成されている。二・〇一節では、彼は「物」を「対象」とも言い換えており、以後は「物」よりも「対象」という言葉の方が頻出するので注意してほしい。

いずれにせよ、ここでまず重要なのは、物ないし対象が結合することによって事態が構成されるとはいえ、事態の構成に先立って物（対象）がそれ単独で存在するわけではない、ということである。むしろ、物は事態ありきで、事態から特定の仕方で切り分けられる――分節化される――ものとしてはじめて輪郭づけられる。すなわち、「事態の構成要素になりうることが、物にとって本質的」(二・〇一一節)なことであり、事態のなかに現れることなしには物は存在しえないのである。たとえば、いまテーブルの上にリンゴがあるのを発見して、「リンゴ！」と叫んだとする。この発話は、ある時間にある場所でリンゴが存在するという事態を表現している。ある時空上にリンゴという物が存在することは、まさにそれ自身がひとつの事態なのである。

この点は『論考』の議論全体にとって極めて重要なので、もう少しだけポイントをはっきりさせておこう。ウィトゲンシュタインによれば、我々が世界のうちで出会うのは、物ではなく、まずもって事実である。たとえば我々は、車という物に最初に出会うのではなく、(あるとき、ある場所に)車があることに出会う。そして、車が走っていたり、駐車したり、誰かを乗せたり、事故を起こしたりしていることにまず出会う。また我々は、いまはとても買えない高価な車を所有したり、その車でシャンゼリゼ通りを暴走したりしていることを思い描く。成立しているのであれ、成立していないのであれ、様々な事態のなかに共通して現れる要素として、はじめて我々は「車」という物をそれとして見出すのである。

あるいは、こう言うこともできるだろう。どこそこに存在することなしに、(当然だが)何かが存在することはありえない。赤いことなしに、赤い何かが存在することもありえない。あるいは、奇妙な言い方になるが、何かが存在することなしに、ただ「存在する」ということもありえない。何かが赤いことなしに、ただ「赤い」ということもありえない。というのも、何ものも存在することなく、ただ「存在する」とはどういうことだろう。また、何ものも赤いことなく、ただ「赤い」とはどういうことだろう。それはまさに意味不明でしかない。つまり、「存在する」とか「赤い」というのがそもそも意味を成すのは、「車が存在する」とか「車が赤い」といった事態のなかに限られるのである。[1]

ただし、「車」や「リンゴ」はともかく、「存在する」とか「赤い」とか「走る」というのが何らかの物を表している、というのは奇妙に聞こえるだろう。実際、これらの語がウィトゲンシュタインが言うところの物ないし対象を指しているとは考えにくい。[2]

対象とは正確には何かというのは、『論考』の重要かつ微妙なポイントであり、後の§8で改めて主題的に扱うことになる。現時点で確実に言えることは、最初に§1でも確認したように、物をどれだけかき集めても——あるいは、「存在する」であれ何であれ、事態ではないものをどれだけかき集めても——事態にはならない、ということである。言うなれば、「はじめに事態ありき」なのであり、その他のものはいずれも事態から分節化される（特定の仕方で切り分けられる）のである。

物が事態のなかに現れる可能性は、論理空間のなかではすべて予定されている

そして、いま確認したポイントが、二・〇一二節以下の帰結を導く。

ある対象の形式	＝ある対象が諸事態のなかに現れる可能性 ＝ある対象が諸事態のなかで他の諸対象と結合する仕方の総体
全対象の形式の総体	＝論理空間 ＝あらゆる可能な事態の総体

論理空間は論理的に可能な事態をすべて含んでいる。言い換えれば、あらゆる可能性は、「論理空間」というものの定義上、この空間のなかで定まっている。したがって、たとえばいま机の上にあるこのペンが他の様々な物と結合する可能性も、論理空間のなかでは確定していることになる。すなわち、「机の上にこのペンがある」という事実以外の、「引き出しの下にこのペンがある」、「このペンが百億円で売れる」、「このペンが火星に運ばれる」等々の無数の可能性である。この可能性のことをウィトゲンシュタインは、物（対象）の形式と呼んでいる（二・〇一四一節）。これは独特の言い方なのでよく覚えておこう。

物（対象）はそれぞれの形式を備えている。すなわち、その物がどのような事態のなかにどう現れうるのか、その論理的な可能性の全体はあらかじめ確定している。（なぜそう言えるかについては、これも後で詳しく解説する。いまはただこの彼の主張を呑み込んで、先に進んでほしい。）それゆえ、物がいわば偶然他の物と結合し、新たに何らかの事態のなかに現れる可能性が生まれる、ということはありえない。「後から新たな可能性が発見されるということはありえない」（二・〇一二三節）のだ。その意味で、ある物が事態のなかに現れる一切の可能性は、その物のなかで予定されている、と言えるのである（二・〇一二、二・〇一二一節）。

そして、このことから当然、「すべての対象が与えられたならば、それとともに、すべての可能な事態も与えられる」（二・〇一二四節）とも言えることになる。つまり、すべての対象の形式を合わせたならば、それは論理空間と一致するのである。

（1）もっとも、『論考』の後半でウィトゲンシュタインは、ただ「存在する」こと、ただ「ある」ことについて言及している。彼はまさにそこで、語りえないこと——意味を成していないこと——について語り始めるのである。これについては、本書の§27以降で扱う。

（2）さらに言えば、実は「車」や「リンゴ」ですら、正確には、ウィトゲンシュタインが言うところの物ないし対象を指しているとは言いがたい。この点に関しては後の99-101頁で扱う。

§3　不変のものとしての対象、移ろうものとしての対象の配列——二・〇二二～二・〇三三節

【抜粋】

二・〇二二　どれほど実際と異なる世界を想像したところで、その世界もまた、ある何か——ある形式——を実際の世界と共有しなければならない。これは明らかだ。

……

二・〇二三一　……世界のあり方は、諸対象の配列によってはじめて構成される。……

二・〇二三二　言うなれば、対象は無色である。

……

二・〇二五一　空間、時間、および色（何らかの色をもつこと）は、対象の形式である。

二・〇二六　対象が存在するときに限り、世界にも不変の形式が存在しうる。

二・〇二七　不変のもの、存在し続けるもの、対象、これらは皆同一である。

二・〇二七一　対象とは、不変のもの、存在し続けるものである。対象の配列が、変化するもの、移ろうものである。
二・〇二七二　対象の配列によって、事態が構成される。
二・〇三　事態において諸対象は鎖のように互いにつながっている。
二・〇三一　事態において諸対象は、特定の仕方で互いに関係している。
二・〇三二　事態において諸対象が結合する仕方が、事態の構造である。
二・〇三三　構造の可能性が、形式である。
……

【解説】

対象の形式はあらかじめ確定しているが、実際の世界のあり方は確定していない

この一連の節は、対象（物）や事態とは何かについての、さらに踏み込んだ記述になっている。

事態は、様々な対象が様々な仕方で配列されることで構成される（二・〇二七二節）。その配列の仕方を、ウィトゲンシュタインは「構造」とも呼んでいる（二・〇三二節）。そして、そうやって構成される事態のなかには、実際に成立している事柄（事実）もあれば、成立していない事柄（虚構）もある。また、「リンゴが銀河系の外側に運ばれる」のように、成立しないことがほとんど確実な、荒唐無稽な事態もある。

ただ、いずれにせよ、ある対象が様々な事態のなかに現れる可能性――事態の構造の可能性（二・〇一二、二・〇一二三節）――は、その対象のうちですべて予定されている。たとえば、リンゴが銀河系の外側に運ばれる可能性すら論理空間のなかにすでに含まれているが、リンゴが外科手術を施したり、リンゴが輸血を受けたりするといったことは、論理空間のなかに含まれない。すなわち、これらのことはリンゴの形式には含まれない。リンゴはそもそも、「〇〇が外科手術を施す」とか「〇〇が輸血を受ける」といった事態のなかに現れるものではないから、「が外科手術を施す」とか「が輸血を受ける」といったものと結合することもないのである。

このように、それぞれの対象が論理空間においてどのような事態のなかに現れうるかはあらかじめ確定している。しかし、どのような事態が実際に成立するか――世界の実際のあり方がどうなるか――はあらかじめ確定してなどいない。たとえば、リンゴの色は赤であることも緑であることもありうるし、品種改良などによってほかにも無数の色であることがありうるだろう。形状も、精密に計測すれば、ひとつとして同じかたちであることはないとも言えるだろう。つまり、現実のひとつのリンゴが特定の色や形状等であることは予定されていない。そのリンゴが赤いとかこぶし大の大きさであるといった世界の実際のあり方は、まさに、「このリンゴは赤い」とか「このリンゴはこぶしほどの大きさである」といった事態――すなわち、対象が一定の仕方で結合された配列――が実際に成立するかどうかによって決まるのである（二・〇二三一節）。

この点は、次のように表現することもできる。世界がいかなるあり方をしようとも、対象によって構成される事態が特定の時間において空間内に何らかの位置を占め、何らかの色をもつということは確定している。それゆえ、「空間、時間、および色（何らかの色をもつこと）は、対象の形式である」（二・〇二五一節）と言える。しかし、具体的にどのような時間にどのような空間的位置を占め、どのような色をもつかは、事態の構成と独立にあらかじめ確定してなどいない。その意味で、「言うなれば、対象は無色である」（二・〇二三二節）と彼は言うのである。対象は、事態のうちで無数の内容を備える可能性をもつがゆえに、あらかじめどれか特定の内容を備えているということはありえないのである。

対象それ自体は不変であり、移ろうのは対象の配列の仕方である

論点を繰り返そう。論理空間という次元で捉えるならば、対象の形式はあらかじめ確定している。対象の結合たる事態が成立していようが成立していまいが、形式に違いはない。二・〇三三節、あるいは、先の§2で見た二・〇一四一節で述べられているように、対象の形式とは、それが論理空間内の様々な事態のなかに現れる可能性＝事態の構造の可能性にほかならない。それゆえ、世界が実際にどのようなあり方をしようと不変なのである（二・〇二二、二・〇二六節）。

その意味で、対象それ自体は不変のもの、存在し続けるものであるとウィトゲンシュタインは言う（二・〇二七節）。変化し、移ろい、事実になったり虚構になったりするのは、「リンゴは赤い」とか「テーブルの上にリンゴがある」といった事態、すなわち対象の配列の仕方なのである（二・〇二七一節）。

ただし、これは当然、事態の構成以前に対象がそれとして独立に存在する、ということではない。対象は事態から分節化される。リンゴは、「（どこそこに）リンゴがある」とか「リンゴは赤い」等と表現される事態のなかではじめて、一個の対象たりうる。すなわち、ある時間にある空間において何ものかとして存在し、あるかたちや色をもちうる。対象は言うなれば無色である、というのは、対象は事態ありきだという論点（§2：45-46頁）を、別の仕方で表しているとも言えるのである。

§4　現実と事実――二・〇四～二・〇六三節

【抜粋】

二・〇四　成立している事態の総体が世界である。

二・〇五　成立している事態の総体はまた、どの事態が成立していないかも定める。

二・〇六　事態の成立・不成立が、現実である。……

……

二・〇六三　現実の総体が世界である。

【解説】

現実と事実の違い

この一連の節では、現実という概念が『論考』のなかでどのような意味をもつかが規定されている。

世界とは事実の総体であり、事実の総体とは、事柄（＝事態、状況）のうちで成立しているものすべてのことである。それゆえ、事実の総体は、成立していない事柄のすべても同時に定めることになる。この点は、§1ですでに確認した（40頁）。

二・〇四節から二・〇五節にかけて述べられている、「成立している事態の総体が世界である」、「成立している事態の総体はまた、どの事態が成立していないかも定める」というのは、「事態」という概念を前面に出すかたちで、この点をあらためて強調するものだと言えるだろう。

重要なのは、次の二・〇六節である。ここでウィトゲンシュタインは、現実という概念を、「事態の成立・不成立」、すなわち、事態が成立していることや成立していないこととして規定している。これはどういうことだろうか。

いま、私の机の上にはクッキーがある。これは現実だ。また、いま私の机の上にはハリネズミはいない。そして、これも現実である。つまり、「私の机の上にハリネズミがいる」という事態が成立していないということも、いまある現実のひとつである。

この点から、『論考』の枠組みにおいて「事実」と「現実」がどう区別されているのかがはっきりしてくる。つまり、事実とは成立している事態のみを表す概念だが、他方、現実というのは、成立している事態と成立していない事態の双方を表しうる概念だということだ[1]。

現実の総体と事実の総体の一致

ただし、先に再度確認したとおり、事実の総体は、成立していない事態の総体を同時に定めるものでもある。したがって事実の総体は、実質的に、現実の総体——すなわち、成立している事態と成立していない事態の総体——と一致する。その意味で、事実の総体が世界であるのならば、「現実の総体が世界である」（二・〇六三節）とも言えるのである。

事実の総体と、現実の総体。両者に違いがあるとすれば、それはいわば、世界に対する照明の当て方の違い、焦点の合わせ方の違いということになるだろう。事実の総体という場合には、そのとき実際にどのような事態が成立していないかという点も暗に前提にされているとはいえ、その点は背景に退いている。つまり、そのとき実際にどのような事態が成立しているかということに焦点を合わせている概念だと言える。

他方、現実の総体という概念は、そのとき実際にどのような事態が成立しているかということと、どのような事態が成立していないかということに、等しく焦点を合わせるものである。つまり、事実の総体という場合には背景に退いている〈成立していない事態の総体〉というものが、現実の総体という場合には〈成立している事態の総体〉と同様に前景化している、ということである。

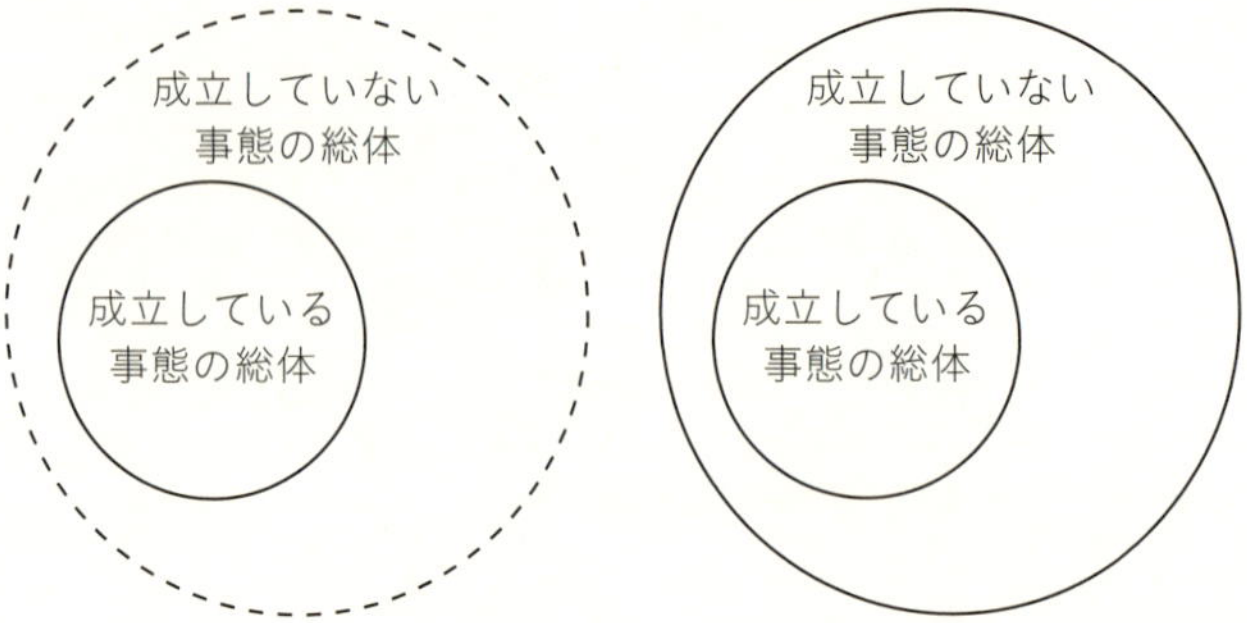

事実の総体（＝世界）　　現実の総体（＝世界）

現実の総体（＝事実の総体）と論理空間の違い

ただ、そうなると、現実の総体と論理空間の違いはどうなるのだろうか。論理空間もまた、成立している事態と成立していない事態の総体として特徴づけられるのではないのだろうか。そして、だとすれば、現実の総体と論理空間は同じものだということになるのではないか。

否。両者には決定的な違いがある。正確に言うならば、論理空間とは事態の総体のことであり、成立している事態と成立していない事態の総体のことではない。すなわち、事態のうちのどれが実際に成立しているか（また、成立していないか）というのは、論理空間それ自体のうちでは何ら定まっていない。先に§3で確認したように、実際の世界のあり方（＝事態の実際の成立・不成立）はあらかじめ確定してなどいないのである。

これに対して、現実の総体とは、まさに実際の世界のあり方のことである。言うなれば、成立している事態と成立していない事態とを分かつ境界線が、論理空間のなかに実際に書き入れられているものが、現実の総体にほかならないのである。

（1）ただし、二・〇六節においてウィトゲンシュタインは、成立している事態を「肯定的事実」と呼び、また、成立していない事態のことを「否定的事実」と呼ぶことによって、事実という概念自体を細分化する用語法を導入してもいる。（本書では省略。）

§5 像と写像形式——二・一〜二・二節

【抜粋】

二・一 我々は事実の像をこしらえる。

二・一一 像とは、論理空間における状況を——すなわち、諸事態の成立・不成立を——表現するものである。

二・一二 像は、現実に対する模型である。

二・一三 像において、像の要素が対象に対応する。

二・一三一 像において、像の要素が対象の代わりとなる。

二・一四 像は、その諸要素が特定の仕方で互いに関係するところに成り立つ。

二・一四一 像はひとつの事実である。

二・一五 像の諸要素が特定の仕方で互いに関係していることは、物がそれと同じ仕方で互いに関係していることを表す。

像の諸要素のこのような結合を構造と呼び、その構造の可能性を、像の写像形式と呼ぶ。

二・一五一　写像形式とは、像の諸要素が互いに関係するのと同じ仕方で物が互いに関係する、その可能性のことにほかならない。

……

二・一六　ひとつの事実がひとつの像となるためには、写像されることと何かを共有していなければならない。

二・一六一　そもそも、ある事実が他の事実の像であるためには、像と写像されることとの間で何かが同じでなければならない。

二・一七　およそ像が現実を――正しく、あるいは誤って――写し取ることができるために、像が現実と共有していなければならないもの、それが写像形式である。

二・一七一　像は、それと形式を共有するすべての現実を写し取ることができる。……

二・一七二　しかし、像は自分自身の写像形式を写し取ることはできない。像は自身の写像形式を示している。

……

二・一八　およそ像が現実を――正しく、あるいは誤って――写し取ることができるために、どのような形式の像であっても現実と共有していなければならないもの、それが論理形式、すなわち現実の形式である。

二・一八一　写像形式が論理形式であれば、その像は論理像と呼ばれる。

二・一八二　すべての像は論理像でもある。（これに対して、たとえば、すべての像が空間的な像であるわけではない。）

二・一九　世界を写し取ることができるのは、論理像である。

二・二　像は、写像されることと写像の論理形式を共有する。

【解説】

我々は像＝現実の模型を用いて事態を表現する

本書で繰り返し強調していることだが、『論考』は出だしから前半にかけての箇所が最もとっつきにくく、難解である。そのため、ここまでの内容を理解できていれば、この書物を読むという登山の、おおよそ三合目あたりまではもう到達している。ここまでなかなか険しい道のりだったと思うが、その分、実はだいぶ距離を稼げているので安心してほしい。息を整えて、引き続き先に進むことにしよう。

この§5で紹介する二・一節以降、ウィトゲンシュタインは「像」なるものについて語り始める。「像」とはいったい何だろうか。それを理解するためには、成立していない事態――つまり、虚構――はいかにしてそれとして輪郭づけられるのか、ということを詰めて考えなければならない。

　論理空間のなかで、ある対象の配列の仕方が事実となったり、また、ある対象の配列の仕方が虚構となったりする。では、ある対象の配列の仕方が虚構である、とはそもそもどういうことだろうか。たとえば、「机の上にペンがある」という事態が虚構であるためには、この対象の配列の仕方自体がいま実際に生じていてはいけない。もし生じていたら、「机の上にペンがある」という事態は事実であることになってしまうからだ。これは馬鹿馬鹿しいほど当たり前の話だが、しかし、極めて重要な理屈だ。

　実際の対象（物）を配列してしまっては、虚構の事態をそれとして輪郭づけることはできない。それゆえ、我々は対象の代理となるものを使って像をこしらえるのだと、ウィトゲンシュタインは指摘する（二・一節）。ここで言われる「像」とは、文字通りの「現実の模型」（二・一二節）のことである。我々は、たとえば鉄道模型や駅や木々などの模型を組み立て、特定の仕方で配列することによって、実際には存在しない駅や街並みを電車が走る事態を描き出すことがある。あるいは、汎用性のより高いレゴブロックなども組み合わせることで、その街を巨大怪獣が襲ったり、ロボットが怪獣に立ち向かったりする事態を表現することもある。そしてもちろん、いま実際に起きている事態をジオラマ模型などで表現することもある。

つまり、我々は現実の模型である像をこしらえることによってはじめて、成立していない事態や成立している事態を――つまり、現実を――それとして輪郭づけることができるのである。

命題という、最も強力な像

そして我々は、鉄道模型やレゴブロックなどとは比較にならないほど強力な像（＝現実の模型）を、日々の生活のなかで常用している。それは、命題である。「命題」とは何かについて、ウィトゲンシュタイン自身は後の節で主題的に語っているが、『論考』全体の理解にかかわることなので、ここで先取りして説明しておこう。彼の言う「命題」とは、我々の言語表現のうち、まさに「机の上にペンがある」とか「街を怪獣が襲っている」といった事態――真または偽でありうること――を表現する記号の配列の仕方のことである。我々は、音声を発したり、あるいは文字を書いたりすることによって、無数の記号（音声、文字）を様々な仕方で組み合わせ、それを通じて無数の命題をこしらえることができる。日本語やドイツ語など、何らかの言語を習得さえしていれば、鉄道模型やレゴブロックのようにかさばる物をたくさん袋に入れて持ち運ぶ必要はないし、それらを用いるよりも遙かに複雑な事態を自在に描き出すことができるのである。

今後、ウィトゲンシュタインが「像」と言う場合に基本的に念頭に置いているのは、我々が日常言語において語りうる命題のことだと理解して構わない。ただ、彼にとって命題（音声ないし文字による記号の配列の仕方）というものが、特定の仕方で配列されたジオラマやレゴブロックといった現実の模型と、本質的には変わりのないものであるという点も、同時に留意しておいてほしい。

像はひとつの事実である

それから、そうした種々の像が、まさに模型という一個の対象（あるいは対象の集合）として捉えうるのと同時に、諸対象（諸々の鉄道模型、レゴブロック、音声、文字、等々）が空間内で特定の仕方で配置され、関係し合っていることそれ自体である、という点も重要である。つまり像とは、対象である以前に、諸対象の結合の仕方なのであり、その意味で、「像はひとつの事実」（二・一四一節）なのである。

そうすると、像を構成する諸対象――これをウィトゲンシュタインは、特に像の諸要素と呼んでいる（二・一三節）――は、像が構成される以前からそれ自体独立して存在するわけではない、ということになる。すでに見たように（45-46頁）、対象がまずあって、その後にそれらが結合して事実（および虚構）が構成されるのではない。対象は事実ありきで、事実から分節化される。それゆえ、像という事実を構成する諸要素も、像ありきで、像から分節化されるのである。

「写像」という表現関係＝「像が現実を写し取る」という関係

命題という像。ジオラマ模型という像。像には様々な種類があるが、いずれにせよそれらは、自身とは異なる何かを表現している。そして、これが肝心な点なのだが、ウィトゲンシュタインがそのように「像」と呼ぶものは、繰り返すように、現実の模型を表す概念だということである。

我々が日常で「模型」と呼ぶものは、必ずしも現実の模型とは限らない。たとえば、新幹線の鉄道模型それ自体は、新幹線という物の模型ではあるが、現実の模型ではない。言い換えれば、新幹線という物を表現しているが、新幹線が特定の駅に停車している事態や、特定の街並みを走っている事態などを表現してはいない。

他方、命題をはじめとする像は、必然的に、特定の事態を表現する模型である。この、像と事態の表現関係を表すために、ウィトゲンシュタインは特に、写像という用語や、像が現実を写し取るといった言い方を導入している。すなわち、「像とは、論理空間における状況（＝事態）を――すなわち、諸事態の成立・不成立（＝現実）を――表現するもの」（二・一一節）であるが、彼はこの表現関係を、「像が現実を――正しく、あるいは誤って――写し取る」（二・一七節）という言い方で表すのである。

たとえば、「私の机の上にハリネズミがいる」という命題（あるいは、私のミニチュアの前に置かれた机のミニチュアの上に、ハリネズミのミニチュアが置かれたジオラマ模型、等）は、いま私の机の上にはハリネズミはいないという現実を誤って写し取っている。そして、そのようにして、私の机の上にハリネズミがいるという成立していない事態を表現している（描き出している）、ということである。

像とそれが写し取る現実は、写像形式を共有している

像は現実を写し取る模型である。そして、「像において、像の要素が対象に対応する」（二・一三節）。すなわち、像を構成する諸要素は、現実（その像が写し取る事態）を構成する諸対象に対応する。

では、像の要素（像という事実を構成する対象）が、事態を構成する対象に対応する、とは具体的にどういうことだろうか。非常に精巧につくられたアヒルの模型なら、アヒルという本物の対象に対応しているということがすぐに分かるだろう。しかし、これは、いま問題にしている「対応」という事柄にとって全く本質的なことではない。なぜなら、像の要素はそうした写実的な物だけではなく、レゴブロックのパーツや漢字、片仮名、アルファベットなど、実に多様なものでありうるからだ。たとえば、「アヒル」や「duck」という要素（インクの染み）は、本物のアヒルと似ても似つかない。では、これらの要素がアヒルに対応するというのは、いったいどういうこととして説明できるのだろうか。

たとえば、いま実際に新幹線が東京駅に停車しているとしよう。このとき、「新幹線が東京駅に停車している」という像を構成する「新幹線」という要素（インクの染み）は、本物の新幹線という対象とは似ても似つかない。しかし、この要素は、この像以外の無数の像のなかに現れるすべての可能性を含んでいる。すなわち、「新幹線が線路上を走っている」、「新幹線の駅が富士山頂に建設されている」等々の命題である。そしてこの可能性は、本物の新幹線という対象が論理空間内の他の様々な事態のなかに現れるすべての可能性——先に§3で跡づけた言い方（52頁）を用いるなら、新幹線という対象を含む事態の構造の可能性——と一致している。そして、これこそが、像の要素が事態の要素に対応している、ということの内実なのである。

そして、これも§3ですでに見たように、事態の構造の可能性を、ウィトゲンシュタインは「形式」とも呼んでいる（53-54頁）。そうすると、像の要素「新幹線」は、本物の新幹線という対象と同じ形式を備えていることになるし、さらに、すべての要素の形式を合わせたもの（つまり、我々がこしらえうる像の可能性すべて）は、すべての対象の形式を合わせたもの（世界がいかにありうるかの可能性すべて、つまり論理空間）に一致することになる。そして、これこそが、およそ像が像として事態を表現していることの内実にほかならない。それゆえにウィトゲンシュタインは、像の要素と事態の要素（＝対象）との間で一致する形式を、特に「像の写像形式」（二・一五節）という名称で呼ぶのである。(1)

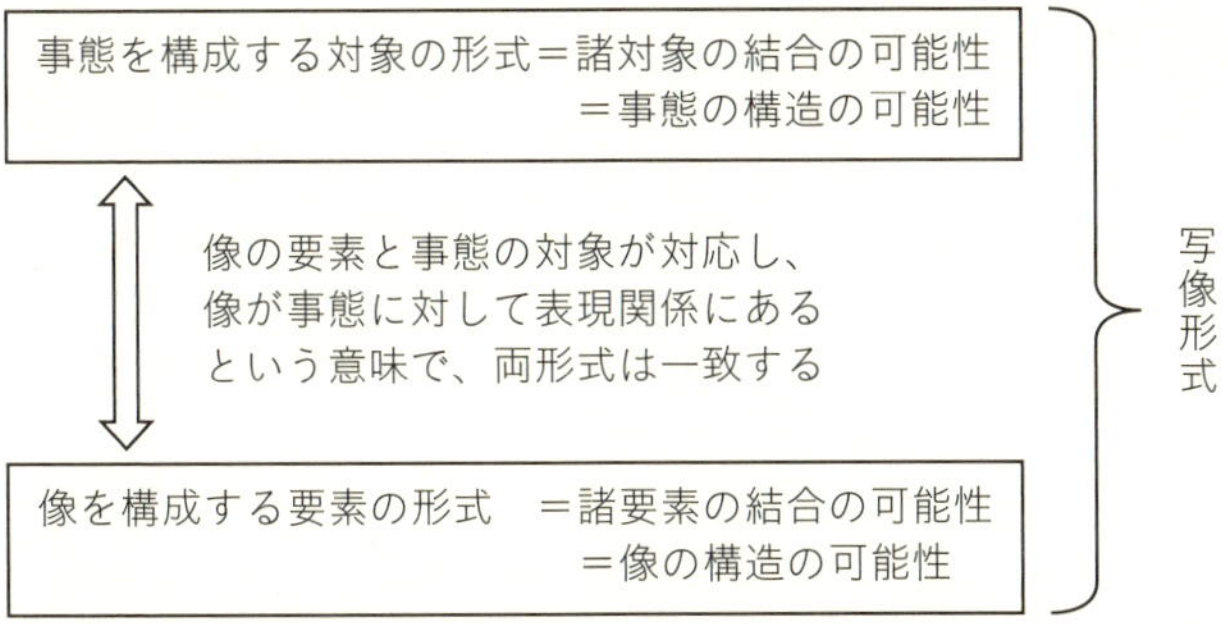
事態を構成する対象の形式＝諸対象の結合の可能性
＝事態の構造の可能性
像の要素と事態の対象が対応し、
像が事態に対して表現関係にある
という意味で、両形式は一致する
像を構成する要素の形式　＝諸要素の結合の可能性
＝像の構造の可能性
写像形式

論理形式と論理像――『論考』の議論の次元

ある種類の現実（たとえば、「新幹線」や「東京駅」といった語が一定の仕方で結合しているという現実）が、他の種類の現実（たとえば、本物の新幹線がいま東京駅に停車しているという現実）を写し取る像となりうるためには、一般に、像と写像される現実が何らかの意味で同じものである必要がある（二・一六一節）。あるいは、像と写像される現実との間で、何かが一致している必要がある。そして、その同一性ないし一致の内実――像をまさに像たらしめているもの――を、いま見たように、ウィトゲンシュタインは「写像形式」と呼ぶ。

そして彼は、「写像形式が論理形式であれば、その像は論理像と呼ばれる」（二・一八一節）と続けている。この一節の意味についても解説しておこう。写像形式はそれ自体、多様な種類の写像形式の集まりとして捉えることができる。たとえば、あるコンサートの演奏を音符に起こした楽譜のように、音にまつわる現実を写し取っているが、コンサートの場所や演奏家たちの空間的な配置、演奏時間等は写し取らない像というものがある。同様に、色にまつわる現実のみを写し取る像や、時間と空間にまつわる現実のみを写し取る像等々、様々な写像形式の像がありうるだろう。

ウィトゲンシュタインが「論理形式」と呼ぶとき、ここではそれは、そうした多様な写像形式全体を指している。論理形式とは、音符を配列した像と現実が共有する構造の可能性でもありうるし、また、色見本や色彩語を配列した像と現実が共有する構造の可能性でもありうる。あるいはまた、ジオラマ模型や命題などが現実と共有する構造の可能性でもありうる。いずれにせよ、像が像である限りそれが写し取る現実と共有していなければならない何かの総称を、彼は先の節で「論理形式」と呼んでいる。それはちょうど、どんなに荒唐無稽な事態であれ、論理的に可能な事態の総体を彼が「論理空間」と呼んでいるのと同様である。つまり、ここでの「論理形式」とは、何であれ論理的に可能な写像形式すべてを指す用語なのである。

そうすると、「論理像」という同節の彼の用語も、要するに像の総称を指すものと解釈できるだろう。像が像である限りは何らかの種類の写像形式を背景にしているのでなければならない。そして、どんな写像形式であれ、それを論理形式と呼びうるのに見合って、どんな像であれ、それを論理像と呼びうるのである。こう理解すれば、「すべての像は論理像でもある」（二・一八二節）と彼が述べていることの意味も明確になる。つまり、すべての像がたとえば色にまつわる現実を表現する像であるとは限らないが、しかし、論理的に可能な何らかの種類の写像形式を背景にした、何らかの像――正しく、あるいは誤って現実を写し取る、特殊な模型――ではあるのだ、ということである。

そして、こうした「論理形式」や「論理像」という総称の導入は、『論考』においてウィトゲンシュタインが照準を合わせている議論の次元をはっきり示すものである。彼は、個別の写像形式や像のひとつひとつではなく、論理形式や論理像という全体を問題にしようとしている。つまり、どんな写像形式にも当てはまる、写像形式一般の本質とは何か――同様に、どんな像にも当てはまる、像一般の本質とは何か――ということが、『論考』の関心事なのである。

写像形式は語りえず、示される

写像形式をめぐるこの一連の節のなかで、ウィトゲンシュタインはもうひとつ、極めて重要な所見を記している。それは、「像は自分自身の写像形式を写し取ることはできない。像は自身の写像形式を示している」（二・一七二節）というものである。

像は、それと写像形式を共有するすべての現実を写し取ることができる。しかし、写像形式それ自体を写し取ることはできない。たとえば、新幹線が東京駅に停車しているという現実の写像となるジオラマ模型があるとしよう。この現実と像の対応関係は次のように表現することもできるだろう。新幹線が東京駅に停車している情景と、それに似たジオラマ模型を並べた一枚の絵を描いて、この対象にはこの要素が対応しているということを、絵のなかに点線を引いて表現する、といった具合である。しかし、この絵はつまり、ある現実とある像が対応しているという現実を写し取る、さらに別の像をこしらえた、ということにすぎない。そうすると今度は、この新たな像と現実の対応関係を表現する別の像が必要になってしまう。以下、きりがない。要するに、写像という関係そのものを写し取る像を描くことは、最終的には不可能なのである。

事情は、命題という像であっても何ら変わらない。「新幹線が東京駅に停車している」という命題が、新幹線が東京駅に停車しているという現実をどのような仕方で写し取っているかということを、我々はさらにきめ細かに語ることができるだろう。しかし、そのように語られた命題もまた、ひとつの像にすぎない。つまり、最終的には、像とそれが写し取る現実とが何を共有しているかを語ることは不可能なのである。(2) しかし、語りえなくとも、像が像として働いていることは、対応する現実との間で何らかの写像形式が共有されていることを示している、とウィトゲンシュタインは言う。この、「語りえないが、示されている」という図式は、『論考』という書物を読み解く最も重要な鍵となるので、よく覚えておいてほしい。

（1）　像と写像形式をめぐるウィトゲンシュタインの議論については、野村（二〇〇六）の第二章においてより詳しくまとめられているので、そちらも参照してほしい。

（2）　このウィトゲンシュタインの立場は、次のように言い換えることもできるだろう。すなわち、ある言語と世界内の現実の写像関係が、その言語の特定のメタ言語によって語られうるということは『論考』の関心事ではない、ということである。本文で後述するように（99頁）、『論考』の目的は、メタ言語がもはや原理的に存在しえない〈究極の言語〉を想定したうえで、その言語ですら語りえないことを示すことなのである。

§6　像とア・プリオリ性――二・二〇一～二・二二五節

【抜粋】

二・二〇一　像は、事態の成立・不成立の可能性を描き出すことによって、現実を写し取る。

二・二〇二　像は、論理空間における可能な状況を描き出す。

二・二〇三　像は、それが描き出す状況が成立可能であることを含んでいる。

二・二一　像は、現実と一致するかしないかである。像は、正しいか誤っているかであり、真か偽かである。

二・二二　像は、その真偽とは独立に、その写像形式によって描出を行う。

二・二二一　像が描き出すこと、それが像の意味である。

二・二二二　像の真偽とは、像の意味と現実との一致・不一致である。

二・二二三　像の真偽を知るためには、我々は像を現実と比較しなければならない。

二・二二四　像だけでは、それが真であるか偽であるかは分からない。

二・二二五　ア・プリオリに真であるような像は存在しない。

【解説】

像の意味はあらかじめ確定しているが、その真偽は確定していない

像は、論理空間内の何らかの事態を――論理空間における、成立可能な何らかの状況を――描き出す。すなわち、当該の事態をそれとして輪郭づける。そして、その可能性が現実となっているとき、すなわち、ある像がある現実を正しく写し取っているとき、その像は真である、とも呼ばれる。(この点については、先に66頁においても確認した。)

なお、この「成立可能」というのは、限りなく低い可能性を指していても構わない。たとえば、「明日太陽は昇らない」のような、蓋然性がほとんどゼロと言える事態も含めて、ありとあらゆる可能性を像は描き出すのである。(これに関連する点についても、63-64頁ですでに取り上げた。)

いずれにせよ、像が像である限り、それは写像形式を背景にしており、成立可能な何らかの事態を描き出している。そして、その事態が像の意味である。――二・二二一～二・二二一節におけるウィトゲンシュタインの叙述は、さしあたりはそうやって解釈しておくことにしよう。実際彼は、後々の節において、「「この命題はしかじかの意味をもつ」と言う代わりに、単刀直入に、「この命題はしかじかの状況を描き出す」と言ってもよい」（四・〇三一節）とも述べている。（ただし、命題をはじめとする像の意味をこのように定義するのは、実は正確とは言えない。この点については、後の§21の特に199頁以下で詳述する。ここでは、直観的な理解しやすさを重視し、敢えて不正確な定義に基づいて解説を続ける。）

ともあれ、像が像である限りは何らかの事態を描き出しているとするならば、これは言い換えれば、像の意味ははじめから確定しているということである。意味不明な像、あるいは意味を成していない像、などというものは存在しない。繰り返すように、像が像であるのなら、それは必然的に何ごとかの像なのである。

したがって、像に関して不確定なのは、その真偽、すなわち、現実と一致しているかどうかだけである（二・二二一節）。像だけでは、それが真であるか偽であるかは分からない（二・二二四節）。実際に現実と比較してみなければ、我々は像の真偽を確定できないのである（二・二二三節）。

ア・プリオリとア・ポステリオリ、必然的と偶然的

この点は、「ア・プリオリに真であるような像は存在しない」（二・二二五節）という言い方でも表現できる。「ア・プリオリ」というのはラテン語に由来する言葉であり、ここ

➢ア・プリオリ＝経験に先立つ ➢必然的	像の意味
➢ア・ポステリオリ＝ 経験的 ➢偶然的	像の真偽＝像の意味が現実と一致しているか否か

では、「経験的な認識に先立って」とか「経験的な認識とは独立に」ということを意味する。つまり、「ア・プリオリに真であるような像は存在しない」というのは、実際に像と現実を比較してみるという経験に先立ってあらかじめ真であるような像は存在しない、ということである。このことは哲学上の議論では通常、経験的な事柄であるという言い方をする。像の真偽は経験的な事柄である、といった具合である。このような意味での「経験的」とか「経験に先立つ」という言葉遣いは今後も頻出するので、ここで十分に理解しておいてほしい。

それから、いまの意味での「経験的」というのは、一般に「ア・ポステリオリ」という言い方もされる。つまり、たとえば像の真偽は、実際に像と現実を比較してみるという経験を介してはじめて確定しうるという意味で、ア・ポステリオリな事柄である。同様に、今日スーパーでスイカが売っているか売り切れているかというのも、ア・ポステリオリな事柄である。

さらに、ウィトゲンシュタインは『論考』において、「経験的」「ア・ポステリオリ」ということと「偶然的」ということとを重ねて捉えている。[1] たとえば、今日スーパーでスイカが売られているか売り切れているかは、必然的に決まっていることではない。その意味で、それはたまたまのことだと言える、ということである。

他方で、像の意味（＝像が描き出していること）は、経験とは独立にあらかじめ確定しているという意味で、ア・プリオリな事柄であり、また、必然的な事柄だとも言える。同様に、今日スーパーでスイカが売られているならばそこで果物が売られている、というのもア・プリオリな事柄であり、必然的な事柄である。スイカは果物の一種である以上、スイカが売っているならば、実際に見て確かめたりする必要なく――つまり、経験とは独立に――必然的に果物も売られていることになるからである。

（1）「ア・プリオリ」「ア・ポステリオリ」というのは認識論に属する概念であり、他方、「必然的」「偶然的」というのは基本的に存在論（形而上学）的概念であって、カテゴリーが異なる。ここで、「ア・プリオリ」と「必然的」、「ア・ポステリオリ」と「偶然的」がそれぞれ重なっているというのは、言い換えれば、各性質が当てはまる事態の外延が一致している、ということである。

§7　思考と像、像と論理空間――三〜三・〇三二節

【抜粋】

三　事実の論理像が、思考である。

三・〇〇一　「ある事態が思考可能である」とは、我々がその事態の像をこしらえることができる、ということである。

三・〇一　真なる思考の総体が、世界の像である。

三・〇二　思考は、思考される状況が可能であることを含んでいる。思考しうることは可能なことでもある。

三・〇三　我々は非論理的なことを思考できない。というのも、仮にそれができるとすれば、その場合我々は非論理的に思考しなければならないからである。

三・〇三一　かつて人は言った、「神はすべてを創造できる。ただし、論理法則に反することを除いて」。――つまり、「非論理的」な世界について、それがいか

なるものであるかを我々が語ることはできないのである。

三・〇三二　「論理に反する」ことを言語で描き出すことはできない。……

……

【解説】

思考とは、像をこしらえることである

ここから、節番号は三番台に移る。

事実の論理像、すなわち、真であれ偽であれ、また、いかなる種類の写像形式を背景にするのであれ、ともかく現実を写し取る像のことを、ウィトゲンシュタインは「思考」と呼んでいる（三節）。

思考とは何かについて、我々は様々なイメージや見解をもちうるだろう。たとえば、頭のなかで計算をしているその過程や、あるいは、脳内の特定の箇所で神経細胞が興奮している状態なども「思考」に含まれるという考え方もあるかもしれない。

しかし、『論考』においてウィトゲンシュタインは、論理像をこしらえることこそが思考だと規定している。「新幹線が東京駅に停車している」事態にせよ、あるいは、「新幹線の駅が富士山頂に建設されている」事態や、「新幹線のレールが火星に敷かれている」事態にせよ、真ないし偽でありうる何らかの事態を表現する像をこしらえること——たとえば、いま列挙したような命題をこしらえること——、それを彼は「思考」と呼ぶ。それゆえ、真なる思考の総体が世界の像となり（三・〇一節）、真であれ偽であれあらゆる思考の総体が、論理空間の像となる。

非論理的な命題は語りえないがゆえに、非論理的なことは思考しえない

そして、「思考は、思考される状況が可能であることを含んでいる。思考しうることは可能なことでもある」（三・〇二節）と彼は続けている。これは、我々に考えられることは何でも実際に実現できる、ということを言っているわけではない。新幹線のレールが火星に敷かれるという事態が事実になることはまずないだろう。先述の論点を繰り返すなら、この場合の「可能」というのは、あくまでも論理的に可能であるということなのである。

しかし、これは逆に言うなら、論理的に不可能なこと——非論理的なこと——は我々には思考できない、ということでもある（三・〇三節）。この点は、『論考』という書物の枠組みにとって決定的に重要なことだ。

論理的に不可能なこと（非論理的なこと）とは何だろう。たとえば、「マグネットの次は織田信長である」という文字列がいったいどのような事態を描き出しているのか、我々は理解できないだろう。それこそ、「の次マグネットはである織田信長」といった完全にラ

ンダムな文字列ともなれば、我々にはお手上げなはずである。こうした何の法則性ももたない文字列は、そもそもいかなる事態も描き出していない。つまり、これらの文字列は像でも何でもない。我々はどうやっても、意味を成さない像、論理的に破綻した像をこしらえることができない。言い換えれば、我々は非論理的な命題を語ることができない（三・〇三一節）。

語りうることの可能性（＝思考の可能性）と世界の可能性は一致する

非論理的な命題はそもそも命題ではなく、意味を成さない文字列にすぎないから、我々は非論理的な命題を語ることができない。それゆえ、我々は非論理的なことを考えることができない（三・〇三節）。

この「それゆえ」にはどこか飛躍があると感じる人もいるかもしれない。なぜ「語りえない」ことから「思考しえない」ことがそのまま帰結するのか。言語を用いずに考えることも可能ではないか。――そういう意見もあるかもしれない。

ここで鍵になるのは、成立していない事態は命題（および他の種類の像）をこしらえることではじめてそれとして輪郭づけられるという、§5（63頁）ですでに確認したポイントである。つまり、成立していない事態が、それを描き出す命題なしに、それだけで論理空間内に含まれている、ということはありえない。その意味で、成立していない事態を我々があれこれ思考できる可能性は、我々があれこれ命題をこしらえることができる可能性と一致する。逆に言えば、我々には語りえないことと、我々には思考しえないことは同じなのである。

実際、我々は皆、気づいたときにはすでに言語によって考えている。すなわち、成立している事態であれ、成立していない事態であれ、我々がおよそ何ごとかについて考えるときには、言語を用いて命題をこしらえざるをえない。どうあがいても、言語の外に出て、言語を用いずに考えることはできないのだ。そのように、思考と言語は文字通り切っても切り離せない関係にあるがゆえに、語りうることの限界がそのまま、思考しうることの限界に直結するとウィトゲンシュタインは考えるのである。

ただし、これは、あらゆる事態は言語によって生み出された構築物にすぎない、と言っているわけではない。（ちなみに、そうした「すべては言語の産物」という類いの主張は、哲学では「観念論」とか「反実在論」などと呼ばれる立場の一種に数え入れられる。）また、かといって、我々の言語活動を通じてどのような命題が構成されうるかとは無関係に——いわば言語以前に——事態の総体たる論理空間がそれとして広がっている、と彼は言っているわけでもない。（この類いの主張は、いわゆる「実在論」の一種に数え入れられる。）

そうではなく、彼が主張しているのは、〈世界は、我々が命題というかたちで語りうるのと同じあり方をしうる〉ということ、すなわち、〈世界が様々なあり方をしうるその可能性は、我々が様々に命題をこしらえることができるその可能性と一致する〉ということであり、それ以上でも以下でもない。この意味で、我々が原理的に語りうる命題の総体と、事態の総体（＝論理空間）は一致するというのが、彼の立場なのである。

§8　命題と語——三・一〜三・一四一節

【抜粋】

三・一　思考は命題において知覚可能なかたちで表現される。

三・一一　我々は、可能な状況を射影するものとして、命題という知覚可能な記号（音声記号や文字記号など）を用いる。……

三・一二　我々が思考を表現するために用いている記号を、私は命題記号と呼ぶ。そして命題とは、世界と射影の関係にある命題記号のことである。

三・一三　……命題には、それが意味する事実までは含まれていない。他方、その事実を表現する可能性は含まれている。……
　命題には意味の形式は含まれている。しかし、内容は含まれていない。

三・一四　命題記号は、そのなかで命題の要素——つまり、語——が特定の仕方で互いに関係し合うことで成り立っている。

命題記号は、ひとつの事実である。

三・一四一　命題は語の寄せ集めではない。――（音楽の主題が音の寄せ集めではないのと同様に。）

命題が語へと分節化されるのである。

……

【解説】

命題は対象（物）であり、かつ事実である

像には様々な種類があるが、命題という像こそ、ありとあらゆる事態を描き出すことができる最も強力な像である（64頁）。それゆえ、「思考は命題において知覚可能なかたちで表現される」（三・一節）と言うことができる。

命題が、音声や文字という知覚可能な記号の組み合わせであることはすでに確認した（64–65頁）。この、対象（物）としての命題の側面を指して、ウィトゲンシュタインは右の一連の節において「命題記号」とも名づけている（三・一二節）。ただし、命題はもちろん単なる記号ではない。命題とは世界と射影の関係にある記号であると、彼は強調している（同節）。

「射影」という言葉は耳慣れないかもしれない。彼はここで、幾何学における射影の概念を用いて、命題と世界の関係を表現している。たとえば、ガラス板に何らかの図形を描き、それを卓上ライトの下で様々な仕方で傾けるとしよう。このとき、机には様々に異なるかたちの影が射影（投影、投射）されることになる。つまり、ガラス板という平面上の元々の図形と比べて、机という平面上の図形は、射影の仕方によって（少なくとも見掛け上は）様々に異なるものに変化する。しかし、ある種の性質に関しては、どんな射影の仕方をしても、元々の図形とその射影との間で変化せずに共通している。たとえば、「いくつかの点が同一の直線上（または同一の平面上）にある」という性質などである。これを幾何学では、射影的性質――あるいは、射影的に不変の性質――と呼ぶ。

ウィトゲンシュタインは、先述の「写像形式」を、この「射影的性質」に喩えていると言えるだろう。たとえば、新幹線が東京駅に停車しているという現実と、それを写し取る「新幹線が東京駅に停車している」という命題記号（インクの染み）は似ても似つかない。さらに、この日本語の記号列のほかにも、ドイツ語や英語、フランス語等々、同じ現実を写し取る命題記号は無数にありうる。しかし、どんな命題記号であっても、それが当該の現実の像である限り、その現実と写像形式を共有している（68-69頁）。それはちょうど、ある図形とその無数の射影の間で射影的性質が共通しているのと同様だ、というわけである。

そして、それゆえ、命題には意味の形式は含まれているが、内容は含まれてない、と言われることになる（三・一三節）。命題記号が像である限り、それは写像形式を背景に存立しており、成立可能な何らかの事態を描き出している。言い換えれば、命題には意味の形式（＝現実を写し取る写像形式）がア・プリオリに含まれている。しかし、内容は含まれていない。すなわち、命題の意味が現実と一致しているか否か――命題が真か偽か――まではは含まれていない（同節）。それはア・ポステリオリな事柄だからである（77頁）。

命題が語へと分節化される

続いてウィトゲンシュタインは、命題とそれを構成する諸要素との関係をめぐる考察に移る。先に見たように、「像は、その諸要素が特定の仕方で互いに関係するところに成り立つ」（二・一四節）。そして、命題という像の場合、その要素は特に「語」と呼ばれる（三・一四節）。

命題は、語が特定の仕方で互いに関係し合うことで成り立っている（同節）。ただしそれは、命題が語の寄せ集めであることを意味するわけではない（三・一四一節）。像が、それを構成する諸要素の寄せ集めではないことはすでに見た（65頁）。すなわち、諸要素が像とは独立にまずあって、その後にそれらが結合して像が構成される、ということではない。諸要素は、像ありきで、像から分節化されるのである。そして事情は、命題という像も全く同じである。個々の語をそれだけで、孤立したかたちで捉えることはできない。むしろ、語は命題ありきではじめて捉えうる。まず語があって、それから命題が合成されるのではない。その意味で、むしろ「**命題が語へと分節化されるのである**」（同節）[1]。

（1）このウィトゲンシュタインの論点は、フレーゲのいわゆる「文脈原理」を継承したものだと言える。フレーゲによれば、我々は語をそれ自体として孤立させて考察することはできない。語は本来、命題という文脈のなかではじめて息づく、ということである。なお、文脈原理をめぐっては、さしあたり、飯田（一九八七）の90-100頁の解説などを参照してほしい。

§9　名と要素命題――三・二～三・二六節

【抜粋】

三・二　思考を構成する諸対象に命題記号を構成する諸要素が対応するという仕方で、思考は命題において表現される。

三・二〇一　この要素を、私は「単純記号」と呼ぶ。そして、この場合の命題を「完全に分析された命題」と呼ぶ。

三・二〇二　命題において用いられている単純記号を、私は名と呼ぶ。

三・二〇三　名は対象を指示する。対象が名の指示対象[1]である。……

三・二一　命題記号における単純記号の配列に、状況における対象の配列が対応する。

三・二二　名は命題において対象の代わりをする。

……

三・二三　単純記号がありうるという要請は、命題の意味が確定していることの要請にほかならない。

三・二五　命題の完全な分析がひとつ、そしてただひとつだけ存在する。

三・二五一　命題は、確定した、明確に示しうる仕方で、その内容を表現する。すなわち、命題は分節化されている。

……

三・二六　名は、定義によってそれ以上分解することはできない。名は原記号である。

……

【解説】

「名《な》（単純記号、原記号）」とは何か、「完全に分析された命題」とは何か、という難問

思考は像である。そして像には、ミニチュア模型で表現されるものやレゴブロックで表現されるもの、あるいは命題記号で表現されるものなど、様々な種類がありうる。その意味で、思考は様々な仕方で表現されうると言える。

思考が命題記号において表現される場合、思考を構成する諸対象には命題記号を構成する諸要素が対応する（三・二節）。この、命題記号を構成する諸要素を、ウィトゲンシュタインは「単純記号」あるいは「名《な》」と呼んでいる（三・二〇一、三・二〇二節）。名は命

題記号において、事態を構成する対象の代わりをするものである。それゆえ、命題記号における名の配列に、事態（状況）における対象の配列が対応することになる（三・二一、三・二二節）。

さて、この名とはどういうものであるかが、実はかなりの難問である。「赤」は名だろうか。あるいは、「である」や「は」や「が」はどうだろうか。[2] ――『論考』という書物を難解にしている多くの原因が、名が具体的にどういう対象を指しているのか捉えがたいという点にあるとも言えるほどだ。

まず、名は、日常の文脈において「名」や「名前」と呼ばれるものとは異なる。名は、「単純記号」や、あるいは「原記号」とも呼ばれているように（三・二六節）、命題を構成する何か基礎的な要素を指している。

鍵となるのは、「名は、定義によってそれ以上分解することはできない」（三・二六節）とされている点、また、名によって構成される命題が「完全に分析された命題」とされている点である（三・二〇一節）。

通常、我々は命題の構成要素を「語」と呼んでいる。しかし、そう呼ばれるものは基本的に、定義によって次々に分解することができる。たとえば、「新幹線」という語は、「日本国内でJRが運行している、時速二百キロメートル以上で走る旅客用の列車」などとして定義することができる。言い換えれば、これらの語に分解することができる。さらに、

「JRが運行している列車」自体も細かく定義可能であるし、「東京駅」や「停車している」といった語もそれぞれ様々に定義可能である。そして、それに見合って、「新幹線が東京駅に停車している」という命題も様々な仕方で分析することができる。

つまり、この命題を分析していく作業は文字通り果てしないと言える。では、こうした作業の果てに、定義によってそれ以上分解することができない「名」なるものは、いったいどのようなものとして取り出されるのだろうか。同時に、そうした名によって構成される「完全に分析された命題」とは、いかなるものとなるのだろうか。――『論考』は、この問いに一切答えていない。名が指示する対象とは何か、完全に分析された命題が描き出す事態とは何か、積極的には何も提示していないのである。

『論考』で想定されている言語とは、最大限の表現能力をもつ言語である

『論考』の出版以来、上記の疑問は読者から様々なかたちで発せられ、様々な解釈が提起されてきた。本書ではそのひとつひとつを検討していく余裕はない。その代わりに、なぜウィトゲンシュタインが、「名」とか、「完全に分析された命題」というものを持ち出してくるのか、その背景を見定めることにしたい。

なお、後者の「完全に分析された命題」のことを、後々の節でウィトゲンシュタインは「要素命題」と呼んでいる。そのため、ここでもその用語法を先取りして、この種の命題を「要素命題」と呼ぶことにしよう。

さて、本書の§0（27-28頁）で確認したように、『論考』の目的は、我々が語りうることの限界を明らかにすること（そして、それを通じて、哲学の諸問題を「語りえないこと」として葬り去ること）である。この目的を達するためには、語りうることの範囲を恣意的に狭く設定したのでは、何の説得力ももつことができない。むしろ、「語りうること」というのをできる限り最も広い意味で捉える必要がある。

たとえば、いまの私には現代化学の知識が乏しく、分子レベルでのタンパク質の働きについてはほとんど何も語ることができない。同様に、物理学や経済学、歴史学などの専門的な理論に関することも、いまの私は語りえない。しかし、だからといってそうした領域が、ウィトゲンシュタインが言うところの「語りうること」の外にあるとしてしまうのは、あまりに粗雑な主張である。確かに、いまの私にはこれらの領域についてほとんど語れない。けれども、もっと勉強をすれば、いまより多くのことを語りうるだろう。また、今後、科学技術が発展し、新しい実験器具や観察器具などが生み出されていけば、語りうることはどんどん広がっていくだろう。

つまり、「語りうること」というのは文字通り最大限広く捉えておく必要がある、ということだ。それでもなお、「語りえないこと」があるということを主張できなければ、「語りうること」と「語りえないこと」の境界線をあらかじめ（ア・プリオリに）引くという試みが説得力をもつことは到底ないだろう。

　このポイントは、次のように表現し直すこともできる。『論考』において言語と呼ばれているものは、我々が原理的に語りうることすべてを語れるだけの、最大限のきめ細かさをもつ言語でなければならない、と。[3] たとえば、小さな子どもが用いる言語においては、ぶーぶーやわんわんが走ったり止まったりすることについては語りうるが、V型十二気筒エンジンを積んだフェラーリF50が4速で走行していることや、トイプードルとマルチーズを掛け合わせたマルプーの雄がマーキングを繰り返していることについては語りえないだろう。また、人間の筋肉のなかでミオシン繊維とアクチン繊維がある仕方で滑ることや、量子コンピュータがある仕方で計算を行うこと等々についても語りえないだろう。逆に言えば、ありとあらゆること——論理空間内のすべての事態——をこれ以上なく明晰に語りうるだけのきめ細かさをもつ言語こそが、『論考』で想定されている言語だということである。

「名」と「要素命題」は、語りうることの可能性を最大限担保するために要請される

　そして、このことから、「名（＝定義によってそれ以上分解することができない語）」とか、「要素命題（＝完全に分析された命題）」というものが『論考』に登場する理由を推し量ることができる。

たとえば、小さな子どもが用いる「ぶーぶーがはしってる」という命題は、そのままではあまりに漠然とした事態しか描き出せない。自家用車やトラックやパトカーやオートバイ等々が、どれくらいのスピードでどう走行しているのかということは描き出せないのだ。つまり、「ぶーぶー」という語は、さらに「自家用車」「トラック」「パトカー」「オートバイ」等々に分解できるし、さらにその「自家用車」等々も無数の語に分解できる。「はしってる」という語も同様だ。そして、そのことに見合って、「ぶーぶーがはしってる」という命題も無数の命題の複合体として分析されうる。驚くほどきめの細かいこの世界を写し取るには、また、それを超える途方もない可能性を描き出すには、最大限にきめの細かい語と命題が必要なのだ。あるいは、むしろ、語と命題のきめが細かくなればなるほど、可能性の総体も大きくなりうる、と言った方がよいかもしれない。(83-84頁で見たように、『論考』のウィトゲンシュタインは、そうした実在論も反実在論も採らない。むしろ、どちらかの立場を真理として語ることを慎重に避けて、命題の総体と可能性の総体は一致する、と語るに留めている。)

いずれにせよ、それ以上分解する余地がまだ残っている語や、まだ完全に分析されていない命題によって描き出される事実や虚構の総体は、まだ「語りうること」のすべてを尽くしているとは言えない。では、どこまで、どのように分解と分析を進めれば、それ以上分解する余地のない「名」および「要素命題」に至るのだろうか。

それは我々の経験次第である。我々がこれまでどのように生活し、何を求め、何を突きとめてきたのか、また、これから我々が何をどう探究し、どんな事実や可能性を見出していくのかに応じて、「語りうること」の中身は変わってくる。たとえば、我々は今後、分子や原子レベルの現象について新たなことを語るようになるだろうし、経済の構造や歴史的事実についていまとは異なる新しい観点から語るようになるだろう。つまり、そのつどの我々のあり方、世界の捉え方に応じて、我々の言語における最もきめの細かい語や命題が何であるかも異なるものとなるだろう。(そして、おそらく、同じ時間や場所であっても、文脈や目的等によって、最もきめの細かい語や命題が何であるかは変わりうるだろう。たとえば、物理学の文脈で描かれる基礎的な事柄と、政治学の文脈で描かれるそれとは異なるはずである。)

要するに、何が最もきめの細かい語や命題であるかというのは、そのつどの我々の経験に依存したア・ポステリオリな問題だ、ということである。だからこそ、あらかじめア・プリオリに、このものが「名」であり、このことが「要素命題」である、と定めることはできないのである。むしろ、そのように定めてしまっては、語りうることの可能性はあらかじめその分だけ限定されることになる。なぜならその決定は、たかだかそのときまでの経験と特定の文脈とに依存した決定にすぎないからである。

逆に言えばこういうことだ。「名」と「要素命題」を具体的に例示できないということがまさに、それらによって構成される言語が最大限高い表現能力をもつ言語であること

――最大限広く捉えられた「語りうること」を語ることができる言語であること――の条件となるのである。名（＝それ以上分解できない語）や要素命題（＝完全に分析された命題）というものは、「語りうる」ということの可能性を極限まで広げるために、また同じことだが、語りうることの一切を実際に特定の命題のかたちで描出できること――曖昧でない仕方で明確に語りうること――を保証するために、いわば要請される概念なのである。

どれほど表現能力のある言語でも語りえないこととは何か、という課題

以上のように、「名」と「要素命題」というものが、『論考』の目的に照らしてその存在がおのずと仮定される概念（＝要請される概念）として解釈できるなら、この§9で取り上げている他の節も次のように解読することができるだろう。

三・二三節では、「単純記号（＝名）がありうるという要請は、命題の意味が確定していることの要請にほかならない」と述べられている。また、三・二五節では、「命題の完全な分析がひとつ、そしてただひとつだけ存在する」と続けられ、それへのコメントとなる三・二五一節では、「命題は、確定した、明確に示しうる仕方で、その内容を表現する」と述べられている。これらの節はつまり、『論考』で想定している言語が、最大限広く捉えられた「語りうること」すべてを逐一明確に語ることができる言語であることを確認しているのだと言えるだろう。すなわち、文字通りありとあらゆる可能性を、命題という像

において、これ以上なくきめ細かく明晰なかたちでこしらえることができる言語こそが、『論考』で想定している言語だということである。そして、そのようないわば〈究極の言語〉を想定してもなお「語りえないこと」とは何かをあらかじめ（今後我々がどのような経験をするかとは関係なく、ア・プリオリに）定めること、それを『論考』という書物は目指しているのである。（そして、§5で確認したように、すでにその「何か」のさしあたりの中身は姿を見せ始めている。それはすなわち、像の写像形式と、像が示す対象の配列の仕方それ自体である。）

名が単純であるなら、対象もまた単純である

名（および要素命題）とは何かを検討したところで、すでに通過したはずの二番台の節に少し立ち戻ることにしよう。

本書§2で、実は省略していた箇所がある。それは、「対象は単純である」（二・〇二節）という一節である。これまで確認してきたとおり、像は事態を表現し、像の要素は対象と対応する。そして、『論考』の想定する〈究極の言語〉においては、命題という像のいわば真の要素が「名」として特徴づけられることを、いま確認した。そうすると、名は単純であること（＝それ以上分解できないこと）が要請されるのだから、それに対応する対象も単純であることが要請されることになる。ゆえに、「対象は単純である」とウィトゲ

命題の総体	事態の総体
複合命題＝要素命題の結合	（複合的な）事態＝ （単純な）事態の結合
要素命題＝名の結合	（単純な）事態＝対象の結合
名	対象

ンシュタインは言うのである。

しかし、だとすれば、本書§2や§3などで挙げてきた「事態」の例、たとえば、机の上にペンがある事態や、リンゴが銀河系の外側に運ばれる事態といったものは、本当は不正確な例であったことになる。

「机」や「ペン」、「リンゴ」、「銀河系」、「運ばれる」等々の語は、さらに無数の語に分解されうる。それゆえ、「机の上にペンがある」や「リンゴが銀河系の外側に運ばれる」という命題も、それ以上分析できない要素命題とは言えない。このことに見合って、それらの語に対応する諸対象も、諸対象の結合である事態も、さらに無数の異なる捉え方をしうるのである。言い換えれば、たとえば「リンゴが銀河系の外側に運ばれる」が要素命題とは言えず、複数の要素命題が結合したもの——複合命題——と見なされるのに見合って、リンゴが銀河系の外側に運ばれるという事態も、最大限に単純な対象が結合した最大限に単純な事態とは言えず、何らかの複合的な事態と見なされる、ということである。

名を具体的に例示することはできない。それゆえ、対象も具体的に例示することはできない。つまり、対象や名を「たとえば、こういうもの」として例示すること（および、最も単純な事態や要素命題を「たとえば、こういうこと」として例示すること）は、『論考』の議論に実は反している、ということである。『論考』の枠組みに忠実であるためには、対象や名はどこまでも抽象的に捉えなければならない。『論考』において「対象」と「名」という概念は、原理的に決して例示できないものとして——そしてそれゆえに、世界の可能性を最大限に広げうるものとして——措定されているのである。

（1）本書で「指示対象」と訳している言葉は、ドイツ語の原文では「Bedeutung」である。Bedeutungは、日常生活の文脈では日本語の「意味」に相当する言葉だが、ウィトゲンシュタインの『論考』のなかでは特殊な意味合いで用いられている。彼はこの言葉を、名が指示する対象（名に対応する対象）を表す用語として導入するのである。

　他方、彼によれば、名によって構成される命題には指示対象は存在しない。しかし、意味はもっている。（そして、本文の200頁で後述するように、命題の意味とは、その真理条件である。）それゆえ彼は、命題の意味を表すのに「Sinn」という言葉を用いる。Sinnも、Bedeutungと同様、おおよそ日常の文脈では「意味」を意味する言葉だが、彼は両者を敢えて区別するのである。

　要するにこういうことだ。名にも命題にもいわば「意味」がある。しかし、その内実は異なっている。すなわち、一方の「意味」とは指示対象のことだが、もう一方の「意味」は何か別の事柄のことだ。ウィトゲンシュタインはこの違いを明確にするために、命題にはSinn（意味）があるがBedeutung（指示対象）はなく、逆に、名にはBedeutungがあるが、Sinnはない、という仕方で表記しているのである。

　ちなみに、このように言葉の「意味」をSinnとBedeutungとに分けて捉える視座を、ウィトゲンシュタインは基本的にはフレーゲから受け継いでいるが、その位置づけには根本的な違いもある。フレーゲにおけるSinnとBedeutungの区別の仕方については、たとえば飯田（一九八七）100-124頁を参照してほしい。（なお、日本語圏の哲学におけるフレーゲ解釈の伝統では、Sinnは「意義」、Bedeutungは「意味」ないし「イミ」と訳すのが一般的である。）

（2）「である」や「は」や「が」等の語が名であるかどうか、という点をめぐっては、後の§20でも多少取り上げる（185頁）。

（3）『論考』において言語と呼ばれているものが、この種のいわば〈究極の言語〉であることは、鬼界（二〇〇三）64-69頁でも強調されている。鬼界彰夫はこの種の言語のことを、「表現力極大言語」あるいは「極大言語」と呼んでいる。

§10　解明と定義――三・二六二～三・二六三節

【抜粋】

三・二六二　記号において表現されないことを、記号の使用が示す。記号が呑み込んでいるものを、記号の使用が露わにする。

三・二六三　原記号の指示対象は解明によって明らかにされうる。解明とは、当該の原記号が使用されている命題である。したがって、当該の記号の指示対象がすでに知られている場合にのみ、解明は理解されうる。

【解説】

対象の形式、記号の使用

名および対象の基本的な特徴を確認できたことにより、それらについて、より詳細な検討を行うことができる。

事態の構成に先立って対象がそれ単独で存立することはない、というポイントは本書§2ですでに見た。対象とは、事態ありきで、事態から分節化されるものにほかならない。しかも、文字通りありとあらゆる事態の総体（＝あらゆる可能性の総体）である論理空間という次元で物事を眺めるなら、ある対象が他のどのような対象とどのような仕方で結合するか——つまり、どのような事態のなかにどう現れるか——は、あらかじめすべて定まっていることになる。この、いわば対象の現れ方の総体のことを、ウィトゲンシュタインは対象の形式と呼んでいた（48頁）。

同様のことが、当然、対象の対応物である名という記号（単純記号、原記号）にも当てはまる。文字通りありとあらゆる事態を、最もきめの細かい命題で描き出せる〈究極の言語〉において、その諸命題の究極の構成要素となるのが名という記号だ。したがって、論理空間という次元で眺めれば、この記号が他のどのような記号とどのような仕方で結合するか——つまり、どのような命題のなかにどう現れるか——は、あらかじめすべて定まっていることになる。この、いわば記号の現れ方の総体のことを、（対象の形式という呼称に倣って）記号の形式と呼ぶこともできるだろう。ただ、この§10で検討する三・二六二節でウィトゲンシュタインは、記号の使用という表現を用いてこの点に言及している。記号の使用とはつまり、我々が記号を様々な命題において使う仕方のことである。そして、この「使用」というものこそが、記号の本質をかたちづくる。

　以上のポイントは、名という単純記号・原記号だけではなく、記号一般について、しかも『論考』の文脈から離れて一般的な見地から説明し直すこともできる。たとえば、「新幹線」という日本語の記号のことを考えてみよう。当たり前の話だが、このインクの染みないし音響それ自体のうちに、あの乗り物を指示するという機能が内蔵されているわけではない。「新幹線は列車だ」、「新幹線はすごく速い」、「彼女は昨日新幹線に乗った」等々の命題のなかで使用されることにおいてはじめて、「新幹線」は単なるインクの染みないし音響ではなく、あの乗り物を指示する記号たりえている。その意味で、「記号において表現されないことを、記号の使用が示す」（三・二六二節）。あるいは、「記号が呑み込んでいるものを、記号の使用が露わにする」（同節）。ただし、繰り返すように、記号の使用以前に——つまり、命題のなかに現れる以前に——記号がそれ自体として何らかの機能をもちうるわけではない。我々は「新幹線」という記号の無数の使用法にすでにかなり馴染んでいるから、この記号が様々な事態を「呑み込んでいる」ように感じられるのである。

　とはいえ、ここで注意すべきなのは、その「無数の使用法」というのは「すべての使用法」を意味するわけではない、ということである。「新幹線」という語を用いた命題はいくらでも新たにつくれるから、この語の使用法をどれほど挙げ続けたとしても、その営みには原理的に終わりが来ない。さらに、この語は定義によってさらに無数の語に分解できるだろう。語がどのような命題においてどのような仕方で使用されるか、その可能性すべてがあらかじめ定まっていると言えるのは、「名」という単純記号だけだ。なぜなら、『論考』においてそう定義されているからにほかならない。つまり、使用の可能性すべてがあらかじめ定まっている記号の存在を要請するために、そもそも「名」なるものが導入されているのである。そして、そうであるがゆえに、名は、「それ以上分解できない語」としてどこまでも抽象的にのみ特徴づけられ、決して具体的には例示できないものとなっているのである。

語の解明とは、その語が使用されている命題のことである

以上の諸々の論点を踏まえて、次の三・二六三節の読解に移ろう。この節では原記号(単純記号、名)について論じられているが、簡明さを優先させるため、ここでもいったん記号一般に置き換えて考えることにしたい。

「新幹線」という記号それ自体には、あの乗り物を指示するという機能は内蔵されていない。「新幹線は列車だ」や「新幹線はすごく速い」等々の命題のなかで使用されることにおいてはじめて、「新幹線」はあの乗り物を指示する記号たりえている。このことは先に確認したとおりだ。そして、三・二六三節において、ウィトゲンシュタインはこうした命題を、解明と呼んでいる。これは、定義と区別してのことである。

「新幹線は列車だ」、「新幹線はすごく速い」等々の命題は、新幹線の定義ではない。（たとえば「新幹線は列車だ」という命題は、定義というにはあまりに雑であり、いま我々が「新幹線」と呼んでいる列車を特定する用を成さない。）定義とは、ある言葉（語、文）を別の言葉で置き換えることであり、ある意味では元の言葉の消去を可能にすることでもある。たとえば、「新幹線」を「日本国内でＪＲが運行している、時速二百キロメートル以上で走る旅客用の列車」として定義することは、元の「新幹線」という語の代わりに、「日本国内でＪＲが運行している、時速二百キロメートル以上で走る旅客用の列車」という冗長な語を命題のなかで使用できるようにする、ということである。

他方、「新幹線は列車だ」、「新幹線はすごく速い」等々の命題には、まさに「新幹線」という語自身が現れている。つまり、これらの命題は、「新幹線」という語の使用法の一端を例示しているのであり、それを通じて、この語がどういうものを表しているかをそれぞれ部分的に明らかにしているのである。それゆえ、ウィトゲンシュタインは語の定義と区別して、当の語が使用されている諸命題のことを、その語の解明と呼ぶわけである[1]。

このように、命題とは、それを構成する記号の指示対象を明らかにするものとして捉えることができる。これが、三・二六三節の前半部、「原記号の指示対象は解明によって明らかにされうる。解明とは、当該の原記号が使用されている命題である」という記述の意味だと言える。

三・二六三節は「探究のパラドックス」に陥っているのか

しかし、ウィトゲンシュタインは続けて、「したがって、当該の記号の指示対象がすでに知られている場合にのみ、解明は理解されうる」(三・二六三節)とも記している。これはどういうことだろうか。記号が何を表しているかは解明(=命題)によって明らかになるはずなのに、そもそも記号が何を表しているかを知らなければ解明(=命題)を理解することはできない、というのは、端的に矛盾しているのではないか。

この一節を読み解くための補助線になると思われるのは、プラトンの対話篇『メノン』第一四章(80E)に出てくる、いわゆる「探究のパラドックス(探究のアポリア)」である。我々が何かを探究するためには、すでにその何かについて知っている必要がある。しかし、すでに知っているのであれば、それを探究する必要がない。——これが、探究のパラドックスだ。

たとえば、勇気とは何か、と我々は問う。しかし、そもそも勇気について何も知らなければ、勇気とは何かと問うこと自体が不可能だろう。なぜならその場合、自分が何について問うているのかがそもそも不明になってしまうからだ。(それはちょうど、顔も名前も知らない人を探そうとするようなものである。)しかし、勇気とは何かをもう知っているのなら、探究する必要がないではないか、というわけである。

とはいえ、このパラドックスは普通は当然見せかけのものにすぎない。確かに我々は、勇気について何も知らないわけではない。すでにこの語に馴染んでおり、それが何を表しているかもおぼろげに分かっている。とはいえ、はっきりと言語化できるかたちで理解できているわけでもない。だからこそ、勇気とは何かとあらためて問い、よりきめの細かい明確な理解を得ようと試みるのである。

同じことが、たとえば「新幹線」という語についても言える。たとえこの語についてほとんど知らないという場合でも、「新幹線は列車だ」、「新幹線はすごく速い」といった命題のなかに現れている語が何らかの物体であること、あるいは少なくとも何らかの名詞であることは分かるだろう。その理解を手掛かりに、この語の様々な使われ方——様々な命題のなかにこの語がどう現れるか——を数多く見渡していくことを通じて、この語の輪郭を摑んでいくことができるだろう。

ただ、このようにパラドックスを回避できるのは、「新幹線」や「勇気」といった語が名（原記号、単純記号）ではないからである。つまり、これらの語はまだそれ以上分解する余地があり、「新幹線はすごく速い」等はまだ完全に分析された命題ではないがゆえに、〈まだ不明確な理解から、より明確な理解へ〉という、時間的経過を含んだ動的なプロセスとして捉え直すことで、探究のパラドックスを解体することができるのである。

しかし、問題の三・二六三節で元々言及されているのは、名（原記号、単純記号）である。名をそれ以上分解する余地はなく、名を使用した諸命題はすでに完全に分析されている。それゆえ、名の解明に関しては、上記のような仕方で探究のパラドックスを回避することはできない。そして、それでよいのである。諸命題の分析がすでに完了し、あらゆる命題の意味が確定し、明確に示しうる仕方でその内容を表現している静的な次元——あらゆる可能性の総体である論理空間という無時間的な次元——においては、名は、それが指示する対象と同様、自身がどのような命題のなかにどう現れるかという可能性をすでに含んでいると言える。（この点に関しては、本書§2も再度参照してほしい。）したがって、ある名が何を表しているかを特定することは、同時に、その名の使用法をすべて明らかにすることだとも言える。換言するならば、〈名が何を表しているかは命題によって明らかになる〉ということと、〈名が何を表しているかを知ることは、命題を理解する条件である〉ということは、名に関しては、同じ事柄をふたつの側面から述べていることになる。というのも、繰り返すように、名が何を表しているかを知っている場合には、必然的に、その名が現れるすべての命題の意味を理解していることにもなるからである。それゆえ、三・二六三節で述べられていることは矛盾でも何でもないのである。

（1）末木剛博はこのポイントを、幾何学の公理を例にして以下のようにパラフレーズしている。初等平面幾何学において「点」や「線」、「面」という基本概念（語）は、それ自体としては何も表さない。「二点を通る直線はただ一個存在する」、「三点を共に含む平面はただ一個だけ存在する」等々の公理（命題）によって、「点」、「線」、「面」相互の関係が定まり、その関係によって、これらの基本概念が何を表すかが定まるのである。「しかも、この場合これら公理は基本概念を使用しているのであるから、普通の意味での「定義」ではない。これら公理は基本概念を使って見せるのであり、その使い方を示しているのである」（末木　一九七六、156頁）。

§11 シンボル（表現）と関数——三・三〜三・三一二節

【抜粋】

三・三　命題だけが意味をもつ。名は、命題という文脈のなかでのみ指示対象をもつ。[1]

三・三一　命題の意味を特徴づける命題の各部分を、私は表現（シンボル）と呼ぶ。

（命題自身がひとつの表現である。）

表現とは、何であれ、命題の意味にとって本質的なものであり、諸命題が共通の部分としてもちうるものである。……

三・三一一　表現は、それを含みうるすべての命題の形式を前提にする。それゆえその表現は、それを含みうる命題の集合を特徴づける共通の目印となる。

三・三一二　したがって、表現は、それが特徴づける諸命題の一般形式によって表される。

つまり、その諸命題の一般形式において、当の表現は定項となり、ほかのすべては変項となる。

三・三一三　したがって、表現は、変項を用いて表される。その値は、当の表現を含む命題である。……

……

三・三二　記号は、シンボルの感性的に知覚可能な側面である。

【解説】

シンボル（表現）とは、命題とその部分の本質的な側面である

何らかの事態を描き出すことができるのは命題だけであり、名をはじめとする語には不可能である。「命題だけが意味をもつ」（三・三節）という一文は、おおよそそのような違いを指しているものと理解できる。そして、名をはじめとする語は命題のなかでのみ何ごとかを表すことができる――「名は、命題という文脈のなかでのみ指示対象をもつ」（同節）――ということも、先の§10ですでに確認した。

この§11で検討する各節ではまた、「表現」ないし「シンボル」という新しい用語が登場している。ウィトゲンシュタインは「シンボル（表現）」という用語を、命題の意味を特徴づける命題の各部分――あるいは命題自身――であり、命題の意味にとって本質的なものとして導入している（三・三一節）。これは何を言っているのだろうか。

ウィトゲンシュタインの考えでは、命題とその部分（語、名）は、本質的な側面と非本質的な側面とに分けられる。感性的に知覚可能な――つまり、ある特定の音や形状として捉えうる――記号（音声、文字）としての側面は、命題の意味にとっては非本質的だ。たとえば、犬が寝ている事態が「犬が寝ている」という日本語の記号で表現されるのか、それとも「The dog is asleep.」（英語）や「Der Hund schläft.」（ドイツ語）、「Le chien dort.」（フランス語）等々の記号で表現されるのかは、命題の意味にとって本質的なことではない。それはいわば偶然的な側面だ。本質的なのは、何であれそうした記号が犬が寝ているという事態を表現するという、まさにそのことである。

繰り返そう。命題とその部分は、何らかの知覚可能な記号のかたちで、事態を表現する。この、命題にとって本質的な側面を指すために、ウィトゲンシュタインは「シンボル（表現）」という用語をここで導入している。したがって、「記号は、シンボルの感性的に知覚可能な側面である」（三・三二節）ということになるのである。

要するにこういうことだ。シンボル（表現）とは、命題とその部分にとっての本質的な側面である。他方、記号（音声、文字）とは、命題とその部分にとっての非本質的ないし偶然的な側面であり、それらの――そして、それらの本質的な側面であるシンボルの――ある特定の音や形状として見たり聞いたりできる知覚可能な側面である。

命題は、シンボルを定項とする関数の値として捉えうる

そして、三・三一節でウィトゲンシュタインは、「表現〔＝シンボル〕とは……諸命題が共通の部分としてもちうるものである」と述べているほか、直後の節ではこうも述べている。「表現は、それを含みうるすべての命題の形式を前提にする。それゆえその表現は、それを含みうる命題の集合を特徴づける共通の目印となる」（三・三一一節）。

これらの記述の含意を、具体例に即して確認していこう。たとえば、「新幹線」という語の本質的な側面を、ここでは、シンボル「新幹線」と表記しておくことにする。このシンボル「新幹線」は、様々な命題を構成する部分となりうるものであり、それゆえ、その様々な命題が共通の部分としてもちうるのだと言える。「新幹線は列車だ」、「新幹線はすごく速い」、「新幹線は最高時速二百キロメートル以上で走る」、「新幹線は四国では走っていない」等々である。それゆえ、シンボル「新幹線」は、このシンボルを含みうる命題すべての共通の目印となる、とも言うことができる。

この点をウィトゲンシュタインは、関数という観点から捉え直してもいる（三・三一二節以下）。一般に関数とは、あるものの変化に伴って別のものも変化する場合の、前者に対する後者の呼称である。たとえば、「２ｘ」という記号列を見てみよう。この記号列は、「２」という定数（一定の変化しない数）と、「ｘ」という変数（様々に異なりうる数）に

よって構成され、定数と変数の掛け算を意味している。この場合、ｘにどんな数が入るかに応じて、２ｘという記号列全体がどんな数を表すか――どんな値をとるか――も変わってくる。たとえばｘに2が入るなら、２ｘは「４」を表すことになるし、また、ｘに3が入るなら、２ｘは「６」を表すことになる、という具合である。このような対応関係にあるとき、２ｘは変数ｘの関数の一種と呼ぶことができるのである。

　ウィトゲンシュタインによれば、様々な命題が何らかのシンボルを共通の部分としてもちうるということも、たとえば「新幹線ｘ」という関数の一種として捉えることが可能である。（なお、彼は三・三一二節ではこの種の関数を、あるシンボルが特徴づける諸命題の一般形式とも呼んでいる。）この場合、「新幹線」は数ではないから、定数ではなく定項と呼びうるものであり、また、ｘに入るのも様々な数ではないから、変数ではなく変項と呼びうるものである。そして、ｘに何が入るかに応じて、これらの定項と変項の組み合わせである命題がどのようなものになるのかが決まる。たとえば、ｘに「はすごく速い」が入れば、変項ｘの関数（あるいは、シンボル「新幹線」が特徴づける諸命題の一般形式）としての「新幹線ｘ」の値は、「新幹線はすごく速い」という特定の命題となる、という具合である。[2]

シンボルとは本来、要素命題とその部分（＝名）の本質的な側面である

ただし、ここでもまた注意しなければならない点がある。

先にも見たように、三・三一一節でウィトゲンシュタインは、「表現(=シンボル)」は、それを含みうるすべての命題の形式を前提にする」と述べている。しかし、我々は普段、たとえば「新幹線」という語を用いる際に、この語が含みうるすべての命題の形式を前提になどしていない。もし前提にするとしたら、我々はそもそもいかなる語も使えなくなってしまうだろう。もちろん我々は、「新幹線」という語がどのような命題のなかに現れうるのかを、かなりの程度は知っている。だからこそ我々はこの語を使用できるわけだが、しかし繰り返すように、あらかじめすべてを知っているわけがないのである。

したがって、シンボルとは本来なら、我々が普段用いている語(=まだ分解の余地のある語)および命題(=まだ分析の余地のある命題)の本質的な側面を指す用語ではないはずだ。逆に言えば、文字通りすべての命題の形式を前提にする名と、名によって構成される要素命題、この両者の本質的な側面こそが本来、シンボルという用語で表されるべきものだ、ということである。(3)

だとすれば、「新幹線x」という関数や「新幹線はすごく速い」という命題を、いま本書でシンボルにまつわる例として出したのは、正確に言えば不適切だったということになる。それでも、命題を〈シンボルを定項とする関数の値〉として捉えるという、ウィトゲンシュタインのアイディアの核の部分を明確に理解するためには、やはり具体例が頼りになるだろう。『論考』が設定する原理的に抽象的な〈究極の言語〉と、『論考』の内容を理解するための助けとなる、我々の日常の具体的な言語とのこうした乖離や齟齬は、これからもどうしても付いて回ることになる。

（1）この三・三節で「意味」と呼ばれているのは、原文のドイツ語では「Sinn」であり、「指示対象」と呼ばれているのは「Bedeutung」である。Sinn（命題）とBedeutung（指示対象）の違いとは何か、また、「命題だけがSinnをもつ」と言われるのがなぜかについては、前の101-102頁の註（1）を参照してほしい。

（2）ウィトゲンシュタインは三・三一八節で、「フレーゲやラッセルと同じく、私も命題を、そこに含まれている諸表現［＝諸シンボル］の関数と見なす」と述べており、〈定項としてのシンボルと変項の組み合わせ全体を関数と見なし、その値を命題と見なす〉というアイディアが、フレーゲやラッセルの議論をヒントにしていることを明確にしている。

ただし、注意が必要なのは、彼らの言う関数とウィトゲンシュタインの言う関数には根本的な違いがあるということだ。フレーゲとラッセルにおいては、関数の変項となるのはシンボル（表現）ではなく、それが表現する対象であり、関数の値は命題ではなく、命題の真偽（フレーゲ）や、命題の意味となる抽象的な対象（ラッセル）とされている。この違いの詳細については、野矢（二〇〇六）の87-91頁を参照してほしい。野矢によれば、ウィトゲンシュタインの言う関数は「それ自身対象となりうるような実質をもたない」ものであり、「ただの入力項たる名と出力項たる命題の対照表にすぎない」。つまり、「ウィトゲンシュタインは関数を徹底的に

（3）
ノミナルに捉えるのである」（以上、同書91頁）。

ただし、ウィトゲンシュタインは「シンボル」という用語について、同じ目的を果たす（たとえば、同じ対象を表す）シンボルが複数ありうるとも述べている（三・三四一節以下）。（これは、シンボルがそれ自体多義的ないし同形異義的でありうる、と述べているのではない。）そして、「本来の名とは、同じ対象を表すシンボルすべてに共通なものに他ならない」（三・三四一一節）というのである。逆に言えば、名の場合には、同じ対象を表す名が複数存在することはない、ということになるだろう。

§12　日常言語（自然言語）と人工言語
——三・三二一〜三・三二八節

【抜粋】

三・三二一　〔記号は、シンボルの感性的に知覚可能な側面である。〕それゆえ、ふたつの異なるシンボルが、同じ記号（文字記号、音声記号、等々）を共有することがありうる。その場合、同じ記号であっても両者は異なる仕方で何ものかを指示する。

……

三・三二三　日常言語では、同一の語が様々に異なる仕方で表現をすること——つまり、同一の語が異なるシンボルに属すること——が驚くほど多い。あるいは、異なる仕方で表現をするふたつの語が、見掛け上は同じ仕方で命題のなかで用いられることも多い。

たとえば、「ist（…である、…がある）」という語は、ときには繫辞《コプラ》として、ときには等号として、またときには存在の表現として用いられる。……「etwas（何ものか、何ごとか）」という語で、我々は何らかの対象についても語るが、何らかのことが起こると語ることもある。

（「緑は緑である」という命題――ここでは、前の語は人名であり、後の語は形容詞である――において、ふたつの語は単に指示対象が異なるというだけではなく、それぞれ異なるシンボルなのである。）

三・三二四　かくして、極めて根本的な混同が簡単に生じることになる。（哲学全体がこのような混同に満ちている。）

三・三二五　こうした誤謬を避けるには、次のような記号言語を用いなければならない。すなわち、異なるシンボルに対して同じ記号が使われたり、異なる表現をする記号が見掛け上は同じ仕方で使われたりするようなことのない言語である。したがってそれは、論理的文法――論理的構文論――を忠実に反映した言語である。

（フレーゲとラッセルの概念記法はそのような言語だったが、なお十分なものではない。）

三・三二六　記号からシンボルを読み取るには、その記号の有意味な使用に目を向けなければならない。

三・三二七　論理的構文論に従った使用を待ってはじめて、記号の論理形式が定まる。

三・三二八　使用されない記号は指示対象をもたない。これがオッカムの格言の意味にほかならない。……

……

【解説】

シンボルの混同が哲学的混乱を誘発する

この一連の節では、ウィトゲンシュタインが「シンボル（表現）」という用語を導入した主たる眼目が明らかにされている。

先に確認したとおり、命題とその部分──正確には、要素命題と名──の本質的な側面を、彼はシンボルと呼んでいる。そして、記号（音声や文字）は、シンボルの感性的に知覚可能な側面として捉えられる。

この区別の重要なポイントは、「ふたつの異なるシンボルが、同じ記号（文字記号、音声記号、等々）を共有することがありうる」（三・三二一節）ということを示せる点にある。ウィトゲンシュタインはこの点に関しては珍しく、不正確さに目を瞑って具体例を示してくれているので、それをまず参照することにしよう。彼は、

説明している（三・三二三節）。

「緑は緑である」

という命題を例示した上で、前者の語「緑」は人名であり、後者の語「緑」は形容詞だと説明している（三・三二三節）。

同じような例を、ほかにも挙げてみよう。たとえば、

「私は大学の教員であり、毎日大学に行っている」

という命題の場合、前者の「大学」は教育機関や制度の一種を表している一方で、後者の「大学」は、特定の場所にある建物を表している。また、同様に、

「美はものの性質のひとつを表すものである」

という命題も、ふたつの異なるシンボルが同じ記号を共有していると言えるだろう。つまり、前者の「もの」は我々が実際に見たり触ったりできるような対象を基本的に指している一方で、後者の「もの」はその種の対象を指示していない。同じことは、「彼は昔はすぐにものを投げたりしたものだ」といった命題にも当てはまるだろう。

いずれにせよ、これらの例のように、同じ形や音をした記号でも、異なる仕方で表現をすること――つまり、ふたつの異なるシンボルが、同じ記号を共有すること――がありうる。とりわけ日常言語では、こうした多義的ないし同形異義的な記号の使用が極めて多い（同節）。そして彼は、これこそが哲学の諸問題が生じる大きな原因だと睨《にら》んでいる（三・三二四節）。

なぜそう言えるのか、彼はこの点についてはは具体例を挙げてくれていないが、推し量ることは十分可能だ。たとえば、先に挙げた「美はものの性質のひとつを表すものである」といった命題などから、我々はしばしば、美それ自体を何らかの対象として捉えてしまいがちになる。つまり、実際に見たり触ったりできるものと、美というものとをときに混同してしまう。そして、この種の混乱を出発点に、美という対象はそれ自体としてこの世界にどのように存在するのか、それともこの世界とは別のどこか——見たり触ったりできない神秘的な世界——に存在するのか、といった問いに入り込んでいくことになる。

このように、日常言語は同一の語が様々に異なる仕方で使用されるケースが多く、そのため、我々の言語使用はときに哲学的な混乱を誘発する。これが、哲学の諸問題という擬似問題が生み出される温床だとウィトゲンシュタインは考えるのである。

混乱の解消法①——記号の使用をよく見通す

では、この種の混乱はどうすれば解消できるのか。答えは二通りある。ひとつは、記号の使われ方をよく見通す、という方法である(三・三二六節以下)。

§10で確認したように、個々の記号は、様々な命題のなかで使用されることではじめて指示対象をもつ。逆に言えば、「使用されない記号は指示対象をもたない」(三・三二八節)。この点をウィトゲンシュタインは、有名なオッカムの規則と類比的に捉えている。

中世イギリスの哲学者・神学者オッカムは、〈ある事柄を説明するために必要不可欠なもの以上の余計な原理や存在などを立ててはならない〉という類いの規則を、議論の際に多用したと言われる。この規則が、俗に言う「オッカムの剃刀《かみそり》」、あるいは、ウィトゲンシュタインの言う「オッカムの格言」である。いまの文脈に即して言うなら、使用されない記号は、言語のなかでいわば空回りしている余計なものであり、そもそも何らかの指示対象をもつ記号としてカウントする必要はない、ということになるだろう。

ともあれ、記号が実際にどのように使用されているかに慎重に目を向ければ、たとえば「緑」という語が人名を指しているのか形容詞を指しているのかといった違いを捉えることはできるだろう。これがひとつめの混乱の解消法だ。

しかし、実際のところ、この方法では真の解消の見込みはないと、おそらくウィトゲンシュタインは見なしている。なぜなら、語りうることの限界をあらかじめ引き、哲学の問題をあらかじめ解消しようという、『論考』の途方もない目的からすれば、見通さなければならないのは「緑」や「大学」といった日常言語の諸記号——つまり、まだ分解の余地のある諸記号——の使用では済まないからである。我々が普段用いている日常言語の諸記号は、さらに無数の分解や分析に開かれており、その構造は見掛け以上に遥かに複雑である。その複雑さに分け入って日常言語を分解・分析すること、すなわち、日常言語の記号の使用から名や要素命題をいわば直接読み取ることは、それこそ神のような直観力や知性をもつ存在でもなければ不可能だ。それゆえ、後々の節を先取りするなら、「日常言語から言語の論理を直接読み取ることは、人間には不可能である」（四・〇〇二節）とウィトゲンシュタインは述べるのである。

混乱の解消法②――人工言語を開発する

では、ほかにどのような混乱の解消の手段があるのか。その答えはある意味では簡単だ。ふたつの異なるシンボルに対して同じ記号を使わない新言語を用意すればいい。そのような言語、すなわち、個々のシンボルに対してそれぞれ異なる記号が割り振られているような厳密な言語を用いて、日常言語では見えにくい記号の配列の構造を明確化するならば、いま述べたような言語使用の混乱は生じず、したがって、その混乱に起因する哲学の諸問題も消え去ることになる。そして、『論考』においてウィトゲンシュタインが主に勧めるのも、こちらの方法である。

ただし、この解消法に関しては、いくつか重要な注意点が存在する。

まずひとつめは、シンボルとは本来、名および要素命題の本質的な側面を指す用語だということである（117頁）。これまで何度も確認してきたとおり、名や要素命題とは何かを具体的に例示することはできない。それゆえ、個々のシンボルにきちんと一対一対応した記号と、それらの記号によって構成される新言語なるものの役割を、我々が普段用いている日常言語ないし自然言語（日本語、英語、ドイツ語、フランス語、等々）は果たせないことになる。というのも、そうした日常言語を構成する記号は、「犬」にしろ、「pen」にしろ、「Karte」にしろ、歴史的に、あるいはそのつどの言語使用のたびに、実際に特定の経験的な内容を表しており、名に対応する対象を表すものではないからである。

逆に言えば、新言語としてふさわしいのは、日常で何ごとかを表すという具体的な用途にこれまで用いられたことのないような、ある種の人工言語である。それは、個々の記号がどのような事態や対象を具体的に表すかを一切前提にすることなく、しかも、記号同士の結合の可能性を忠実に反映した言語でなければならない。言い換えれば、記号の文法ないしは構文論（文を構成する各部分同士の配列の規則）を忠実に反映した言語でなければならないのである。

記号の論理的構文論（論理的文法）を忠実に反映した人工言語の要請

ただし、ここで言う「文法」や「構文論」というのは、特定の日常言語のそれを指すものではない。これが注意点のふたつめである。なぜなら、たとえば日本語の文法のみを忠実に反映した言語というのは、要するに日本語だからだ。新言語が反映する文法は、あらゆる日常言語の文法が共有しつつ、同時に、どの特定の日常言語の文法にも帰せられないものでなければならない。そのようなものを彼は、論理的文法、ないしは論理的構文論と呼ぶ（三・三二五節）。

論理的、というのは、一方では、どれほど荒唐無稽であっても我々に経験可能なあらゆる事柄が許容される、という意味である。しかし、また他方では、論理的でないものはそもそも記号が表す事物として認められない、という意味でもある。その点では、いかなる日常言語も論理的構文論（論理的文法）に従っていると言える。

たとえば、日本語の「リンゴが火星に百万個ある」という命題は（もちろん偽だろうが）少なくとも有意味であり、したがって特定の事態を表現している。しかし他方、「リンゴが輸血を受ける」や「リンゴ受けるをが輸血」という記号列はそもそも命題と見なされない。そして、「リンゴが火星に百万個ある」という命題は他の日常言語に翻訳することが可能である――つまり、他の日常言語も同様の事態を有意味に語りうる――が、「リンゴが輸血を受ける」や「リンゴ受けるをが輸血」という記号列の場合は不可能だ。つまり、当然のことながら他の日常言語でも、特定の事態を表現する命題として有意味に語ることはできない。

要するに、論理的でない文法をもつ日常言語など存在しない、ということである。論理的な命題、したがって有意味な命題であれば、どの日常言語の間でも、原理的には相互に翻訳が可能である。もちろん、たとえば「パソコン」や「インターネット」という概念をまだ知らないアマゾン奥地のある部族の人々は、「彼は昨日パソコンをインターネットにつないだ」という日本語の命題を自分たちの言語に翻訳することはできない。しかし、これはまさしく経験的な問題にすぎない。彼らがパソコンやインターネットとは何かを学べば、あるいは、これらを自分たちの生活に導入すれば、対応する新語を導入するなどして翻訳することが原理的には可能である。その意味で、彼らの日常言語もまた、論理的構文論（論理的文法）に従っていると言えるのである。（ただし、ウィトゲンシュタインの考えでは、論理的であっても有意味とは言えない、例外的な命題も存在する。それは、トートロジーと矛盾である。これらについては後の§22で扱う。）

求めるべき人工言語は記号論理学上にある

繰り返すなら、新言語が忠実に反映すべき論理的構文論（論理的文法）は、あらゆる日常言語の文法が共有しつつ、同時に、どの特定の日常言語の文法にも帰せられないものでなければならない。そのような言語を、ウィトゲンシュタインは論理学の領域に求める。

本書では詳細は省かざるをえないが、二十世紀初頭、フレーゲやラッセルらは論理学に革新をもたらし――それは記号論理学とも呼ばれる――、極めて高い表現能力をもつ人工言語をつくり上げた。この種の人工言語を、フレーゲは「概念記法」とも呼んでいるので、本書でもこの用語を踏襲することにしよう。（以上の点についてのもう少しだけ詳しい解説は、134頁のコラム①「記号論理学」を見てほしい。）

その概念記法（記号論理学の人工言語）は、我々が普段用いている日常言語の命題や語の代わりに、いわば無内容な記号のみを用いる。たとえば、命題は「p」や「q」等々、語は「a」や「b」等々といった具合である。そして、これらの記号の結合によって有意味な命題や複合命題が生成される構造を明らかにすることを目指す。

ここで重要なのは、そうした概念記法は、繰り返すように、特定の自然言語の語とは対応しない記号のみによって構成される、という点である。だから、要素命題とは何か、名とは何かを具体的に記述せずに、要素命題を「p」や「q」等々として表し、名を「a」や「b」等々として表すことによって、それらがどのような仕方で結合するかを純粋に形式的なかたちで表すための突破口が開けるのである。

もっとも、突破口はあくまでも突破口にすぎない。フレーゲやラッセルらが開発した概念記法ですら、ウィトゲンシュタインによれば、まだ十分なものではない。言い換えれば、論理的構文論を忠実に反映できている言語とは言えない。これが、三・三二五節の末尾で彼が「フレーゲとラッセルの概念記法はそのような言語だったが、なお十分なものではない」と述べていることの意味である。

それゆえ、『論考』という書物における彼の努力の多くが、よりよい概念記法の基本設計を示すために捧げられている。それは言うなれば、ウィトゲンシュタインが論理学上の師であるフレーゲやラッセルを乗り越えようとする努力であって、論理学上のテクニカルな要素を多分に含んでいる。したがって、語りうることの限界をあらかじめ引こうとする『論考』全体の「骨」の部分を跡づけようとする本書では、そうした部分の大半を省略せざるをえない。しかし、『論考』全体を理解するために必要な部分に関しては、これから多少取り上げていくことになるだろう。

日常言語（自然言語）が論理的に不完全であるわけではない

以上の点とも関連するが、概念記法の開発を通じて日常言語の使用をめぐる混乱を解消するという方法に関しては、もうひとつ重要な注意点が存在する。それは、日常言語に何か欠陥や不完全さが存在するわけではない、ということである。

確かに、日常言語では多義的（あるいは同形異義的）に記号が使用されるケースが多く、見掛け上は同じような記号の配列をしている命題でも、実際には異なる事態を表現していることもしばしばである。そのような、見掛け上とは異なる実際の命題の構造を見えやすくするために、新たに概念記法という人工言語を開発することは有用だろう。つまり、日常言語による記述を、多義性を含まない言語の記号体系に置き換えることによって、我々の言語使用が誘発しがちな混乱の多くを排除することができるだろう。

しかし、そうした人工言語が必要不可欠であるわけではない。というより、むしろ、我々が混乱に陥りさえしなければ、そのようなものは全く不要なのだ。日常言語に、何か論理的でない部分、論理的に不完全な部分があるわけではない。もちろん、我々はときに言い間違えをしたりして、論理的でない言葉を口走ることもある。ただし、それはまさに論理的でないがゆえに、そもそも意味を成しておらず、何ごとも語っていない。言い換えれば、我々は論理的でない仕方で何ごとかを有意味に語ることはできない。逆に、我々が何ごとかを有意味に語っているときには、まさしく論理的に語っているのであり、どこにも非論理的な部分はないのである。

要点を繰り返そう。日常言語に非論理的な部分があるわけではない。(たとえ我々がときに非論理的な言葉を口走ったとしても、それは我々の迂闊さや不完全さを示すものであり、日常言語それ自体の論理的な不完全さを示すものではない。) それゆえ、より論理的に何ごとかを語るために、論理学の人工言語である概念記法が必要であるわけではない。言い換えれば、そうした人工言語は、日常言語に取って代わるべき理想言語などではない。そうではなく、記号の多義的な使用などに起因する混乱を除去する際にのみ役立つにすぎない。日常言語自体には何ら非論理的な部分はないが、その構造は見た目よりも複雑で、見えにくい。概念記法は、そこをよく見るために有用な、いわば日常言語の補助的な道具なのである。

このウィトゲンシュタインの考えは、フレーゲやラッセルの考えとは根本的に異なっている。彼らは、自分たちの開発した概念記法をまさに理想言語だと見なした。すなわち、日常言語は論理的に不完全な言語であるから、その欠陥を改良した理想的な言語が別に必要だと考えた。これとは逆にウィトゲンシュタインは、後々の節を先取りして紹介するなら、「我々の日常言語のすべての命題は、実際、そのあるがままで、論理的に完全に秩序づけられている」（五・五五六三節）と強調するのである。

コラム①　記号論理学

論理学の革新

工学から数学、数学基礎論、論理学、そして哲学へという関心の経路を辿ったウィトゲンシュタインにとって、論理学や数学はそれ自体として関心の向く分野であり続けたし、また、『論考』の骨組み自体の多くの部分も、フレーゲに端を発する記号論理学の革新に負っている。このコラムでは、本文では取り上げていない、その「革新」の中身について簡単に触れておきたい。

一八四八年に生まれたゴットロープ・フレーゲは、最初数学者として出発したが、論理学、そして言語哲学へと関心を広げていった。現在ではフレーゲは一般に、現代の記号論理学の創始者として知られている。

フレーゲは論理学者として、アリストテレスに比肩する仕事を成し遂げたと言っていい。アリストテレス以来の伝統的論理学は「名辞論理」とも呼ばれている。推論を構成する命題の基本型を「主語＋述語」とし、主語も述語も「名辞」として理解するからである。

他方、フレーゲは、伝統的論理学において名辞として捉えられてきた概念を、それ自体関数として捉えるアイディアに基づく「命題論理」の体系を構築した。ただし、命題論理自体は古代のストア派なども開発していたものである。フレーゲの功績は、名辞論理と命題論理を統合するシンプルな公理体系を構築し、さらにそれを含む包括的な公理体系として、従来の論理学では決して扱えなかった推論をも扱える、非常に表現能力の高い論理学を築き上げた点にある。それは、フレーゲが独自に開発した記号のみによって記述される純粋に形式的な体系であり、彼はそれを「概念記法

(Begriffsschrift)」と名づけている。

論理主義とその破綻、豊かな副産物

ところで、こうした論理学の革新をフレーゲが進めたのは、彼のライフワークとも言える別の仕事に役立てるためだった。それは、算術(数学のうちで幾何学と大別されるもの)の基礎づけ、という課題である。

算術の基礎づけとは、算術で用いられる概念(基数、1や2といった個別の数、+や−といった演算子など)を定義し、定理などの算術的命題の整合性や厳密性を証明することである。フレーゲは、算術が実は論理学の一部であることを示すことができれば、この課題を達成できると考えた。この立場を「論理主義」と言う。

フレーゲは論理主義に立って、まず、算術の概念がすべて論理学の概念だけで定義できることを示し、そして、あらゆる算術的命題が、論理学の公理体系からの隙間のない推論によって導出できるということを示そうとした。しかしそのためには、どんな算術的命題も表現できる豊かな論理学が必要だった。フレーゲが新たな論理学を開発したのは、まさにこの目的のためだったのである。つまり、算術を自身の開発した論理学に還元するというのが、フレーゲ自身にとって最重要の仕事だったということである。

しかし、いわゆる「ラッセルのパラドックス」の発見によって、フレーゲの構想した論理主義のプログラム自体は結局は挫折に終わってしまう。とはいえ、その試みの過程で、現代の記号論理学という実り豊かな分野が創始されたのも確かである。

そしてもう一点、このプログラムの重要な副産物がある。それは、記号論理学の道具立てを活用した言語哲学の誕生である。フレーゲ自身がその種の言語哲学の祖と見なされるほか、ウィトゲンシュタインの『論考』もまさに、フレーゲが切り開いたそうした開拓地の最初の収穫物のひとつ――しかも、最も実り豊かな成果のひとつ――と言えるのである。

＊＊＊

以上、極めて概略的に触れた事柄の、具体的な中身については、たとえば、文献案内に示した飯田（一九八七）の第1章、それから、野矢茂樹『論理学』（東京大学出版会、一九九四年）の第2～3章などを参照してほしい。

また、とりわけ「ラッセルのパラドックス」の中身を知るには、野矢・同書125-135頁や、三浦俊彦『ラッセルのパラドクス』（岩波新書、二〇〇五年）第3章の解説を読むのがよいだろう。それから、『論考』三・三三節から三・三三三節にかけてウィトゲンシュタインは、そのラッセルのパラドックスに対する独自の解決法を提示している

が（本書では省略）、その中身は文献案内に示した野矢（二〇〇六）の第4章において詳しく解説されている。

§13　個別性の軽視、個別性の可能性の重視
――三・三四〜三・三四三節

【抜粋】

三・三四　命題には、本質的な側面と偶然的な側面がある。偶然的な側面は、命題記号が生み出される仕方の個別性に由来している。本質的な側面とは、命題がその意味を表現することがそれによってのみ可能であるような側面のことである。

……

三・三四二　我々の表記法には確かに恣意的な側面がある。しかし、恣意的にではあれ、ひとたびそれが取り決められれば、他の事柄もそれに応じて決まらなければならない。このことは決して恣意的ではない。（これは表記法の本質にかかわる。）

三・三四二一　個別の特定の表現方法は重要ではないにしても、その表現方法が可能で

あることは常に重要である。事情は哲学一般でも変わらない。すなわち、個別の事例はとるに足らないというのは繰り返し明確になることだとはいえ、そうした個別の事例のひとつひとつが可能であるということは、我々に世界の本質を開示しているのである。

三・三四三　定義とは、ある言語から他の言語への翻訳規則である。正しい記号言語はいずれも、そのような規則に従って任意の他の言語へと翻訳することが可能でなければならない。このことが、正しい記号言語すべてに共通しているのである。

……

【解説】

事態が特定の日常言語の命題で表現されることは、経験的＝偶然的＝恣意的なことである

この§13で扱う各節の内容は、実質的にはすでに§11〜12の解説のなかで扱っている。ただ、ここでは復習も兼ねて、各節の内容を確認しておくことにしよう。

「命題には、本質的な側面と偶然的な側面がある」（三・三四節）というポイント、あるいは、「我々の表記法には確かに恣意的な側面がある」（三・三四二節）というポイントは、

114頁で確認した。犬が寝ている事態が「犬が寝ている」という日本語の記号で表現されるのか、それとも「The dog is asleep.」という英語の記号や「Der Hund schläft.」というドイツ語の記号等々で表現されるのか、というのは偶然的ないし恣意的なことだ。さらに、たとえば「犬」という記号がまさにそのような音や形状をしていることにも必然性はない。全く違う音や形状の記号が、いま我々が犬と呼んでいるものを指す記号であってもよかったはずだ。各文化の日常言語の個別性は、それらが長い時間をかけて生まれ、変化してきた歴史に由来するのであって、その意味で経験的な事柄——あるいは、偶然的ないし恣意的な事柄——なのである。

事態が何らかの日常言語で具体的に表現されうることは本質的に重要である

したがって、語りうることのア・プリオリな条件——つまり、経験に先立ち、必然性と重なる条件——を探るという『論考』の目的からすれば、「個別の特定の表現方法は重要ではない」（三・三四二一節）し、「個別の事例はとるに足らない」（同節）ことである。

ただし、事態が何らかの日常言語によって様々に具体的な仕方で表現されうるということそれ自体は、根本的に重要だとウィトゲンシュタインは強調している（同節）。言い換えれば、何ごとかが個別の日常言語で語りうるという可能性それ自体は本質的なことだ、ということである。

これも先に確認したとおり、有意味な命題であれば、どの日常言語の間でも、原理的には相互に翻訳が可能である（128頁、および三・三四三節）。その意味でも、どの特定の日常言語で表現するかということに本質的な重要性はない。しかし、ともあれ何らかの日常言語において表現されなければ、世界の無数の可能性が具体的に輪郭づけられることもありえない。語りうることの可能性は、我々に思考しうる世界の可能性と一致する、ということである（83-84頁）。

§14　言語の全体論的構造――三・四～三・四二節

【抜粋】

三・四　命題は、論理空間のなかにある場を指定する。この論理的場は、専《もっぱ》らその場の構成要素の存在によって――すなわち、有意味な命題の存在によって――保証されている。

……

三・四二　命題は論理空間内のひとつの場しか指定することはできないが、にもかかわらず、その命題を通して論理空間全体がすでに与えられているのでなければならない。……

(像を取り巻く論理の足場が論理空間を規定している。命題は論理空間全体にくまなく手を伸ばしている。)……

……

【解説】

日常言語の限定された全体論的構造

このふたつの節では、言語の全体論的な構造とも呼ぶべきものについて言及されている。全体論とは何かをまず説明しよう。これまでも繰り返し確認してきたように、たとえば「新幹線」というインクの染みは、「新幹線は列車だ」、「新幹線はすごく速い」等々の無数の命題のなかで使用されることにおいてはじめて、何らかの役割を果たしうる記号たりえている。そして、同様のことは、これらの命題を構成する他の部分、すなわち、「列車」という名詞や、「速い」という形容詞、さらには「すごく」という副詞や「は」という助詞や「だ」という助動詞などにも言える。たとえば、「列車」は、「列車は乗り物だ」や「彼女は列車に遅れた」等々の命題のなかで使用されることにおいてはじめて一個の記号たりえているし、それはまた、「乗り物」や「彼女」、「遅れる」等々についても同様である。こうして、記号の結合の仕方を次々に辿っていけば、そのネットワークはやがて、日本語全体と言っていいような、途方もなく巨大な広がりとなるだろう。

つまり、ひとつの記号がそれとして機能するためには無数の命題という文脈が必要であり、ひいてはひとつの言語（日本語、英語、等々）という全体が必要だということである。これを一般に全体論と呼ぶ。

ただし、当然、全体論を文字通りに受け取ることはできない。なぜなら、たとえば日本語の各記号が様々な仕方で結合してきたこれまでの履歴や、これからの結合の可能性をすべて把握していなくとも、我々は——たとえば子どもですら——日本語の様々な命題の意味を理解していると言えるからである。それゆえ、日本語の理解といった、日常のレベルでの実践的な理解に関しては、言語の全体論的な構造と言っても、文字通りの「全体」からは割り引いて考えなければならない。先にも述べたように（117頁）、我々が日本語を理解できるなら、その各記号がどのような命題のなかに現れうるのかを、かなりの程度は知っているに違いない。しかし、あらかじめすべてを知っている、とは言えないのである。

〈究極の言語〉の文字通りの全体論的構造——命題のネットワークは論理空間全体に及ぶ

だが、これは繰り返すように、日常言語の実践的な理解に関して当てはまる事柄である。『論考』が想定している〈究極の言語〉においては、全体論は文字通りに妥当することになる。なぜなら、この言語においては、定義上、それを構成する各記号が結合する仕方はすでにすべて定まっているからである。つまり、この場合、各々の名が結合してどのような命題のなかに現れうるか、また、各々の要素命題が他のどのような要素命題と結合してどのような複合命題を構成しうるかは、すでにすべて明確になっている。それゆえ、〈究極の言語〉においてはひとつの言語を構成する命題全体によってひとつの記号が規定されているとと、文字通りに言えるわけである。

論理的に可能な事態すべての集合——ありとあらゆる可能性の全体——を、ウィトゲンシュタインは論理空間と呼んでいる（本書§1～2）。〈究極の言語〉は、その可能性の一切を最もきめ細かく明晰に語る表現能力をもつ。〈究極の言語〉を構成するひとつひとつの命題は、論理空間内に充満している事態を漏れなく表現する。三・四節の言い方を用いるなら、この言語のひとつひとつの命題は、論理空間のなかにある場を指定する。この「場」のことを、ウィトゲンシュタインは論理的場とも呼んでいる。

重要なのは、「命題は論理空間内のひとつの場しか指定することはできないが、にもかかわらず、その命題を通して論理空間全体がすでに与えられているのでなければならない」（三・四二節）ということである。〈究極の言語〉が全体論的構造を文字通りに体現している点を踏まえるなら、この言語の各々の命題は、論理空間全体を反映するかたちで存立している。それが、〈究極の言語〉の命題は完全に分析されている、ということの意味なのである。したがって、あるひとつの命題によってひとつの論理的場が指定されるときには、同時に、他のすべての命題によって他のすべての論理的場が指定されていることになる。ひとつひとつの命題は、全体論的構造によって支えられているがゆえに、「命題は論理空間全体にくまなく手を伸ばしている」（同節）と言えるのである。

§15 「言語批判」としての哲学——四～四・〇〇三一節

【抜粋】

四　思考とは、有意味な命題のことである。

四・〇〇一　命題の総体が言語である。

四・〇〇二　人間は、個々の語が何をどのように指示しているかに全く無頓着でも、あらゆる意味を表現しうる言語を構成する能力を備えている。——それはちょうど、我々が個々の音声がどう発せられるかを知らなくともしゃべることができるのと同様である。

日常言語は、人間という有機体の一部分であり、他の部分に劣らず複雑である。

日常言語から言語の論理を直接読み取ることは、人間には不可能である。

言語は思考に仮装を施す。すなわち、衣装をまとった外的なかたちから、思考のかたちを推し量ることはできない。なぜなら、衣装の外的なかたちは、身体のかたちを知らしめるのとは全く別の目的でつくられているからである。

四・〇〇三 日常言語を理解するための暗黙の取り決めは、途方もなく複雑である。

哲学的な事柄についてこれまで書かれてきた命題や問いのほとんどは、誤っているのではなく、無意味なのである。したがって、我々はこの種の問いにおよそ答えを与えることはできず、ただその無意味さを確認することしかできない。哲学者の掲げるたいていの問いや命題は、我々が自分の言語の論理を理解していないことに基づいている。

(それらは、善と美とはおおむね同一であるか否か、といった類いの問いである。)

そして、最も深遠な問題が、実は全く問題ではなかったというのは、驚くべきことではない。

四・〇〇三一 哲学は「言語批判」に尽きる。(もちろん、マウトナーの言う意味においてではないが。)ラッセルの功績は、命題の見掛け上の論理形式が、その本当の論理形式であるとは限らない、ということを示した点にある。

【解説】

『論考』では言語に関して、現実の像としての側面のみに焦点を当てる

ここから、四番台の節に入る。単純な分量という点で言えば、まだ『論考』の分量全体の五分の一にも達していない。とはいえ、この書物の最大の難所は、実はすでに越えている。すなわち、この書物の最も急で険しい坂道は三番台の節で終わり、ここからの道のりはだいぶ緩やかになる。感覚的にはもう、『論考』という嶮山《けんざん》の七合目あたりに達していると思ってもらって構わない。

実際、これ以降の節の核となる議論は、ここまで本書ですでに取り上げてきた論点と重複する部分がかなり増えてくるし、本筋から外れるために省略できる部分も多くなってくる。この点を鑑みれば、『論考』を読み解くコツは、三番台までの各節の議論を丁寧に追い、十分に消化しておくことだとも言えるだろう。最初に苦労すればするほど、後が楽になっていく、というわけである。

さて、四節では「思考とは、有意味な命題のことである」と述べられており、以下、これに関連するコメントが続くことになる。これは、「事実の論理像が、思考である」（三節）ということを、命題という最も強力な像に定位して述べ直していると言える。それゆえ、本書§7で三節について詳しく取り上げた現段階では、この四節自体の検討はもは

や不要だろう。

注意が必要なのは、むしろ次の四・〇〇一節である。「命題の総体が言語である」と言われているが、言語というものを普通に捉える限り、そんなわけがない。我々が普段の生活で語っているのは命題だけではない。言い換えれば、現実の像をこしらえることだけが言語の機能であるわけではない。「おはよう」と挨拶すること、「ペンを持ってこい！」と誰かに命令すること、「神よ、救いたまえ」と祈ること、等々、我々は実に多様な実践を言語を用いて行っている。

そしてもちろん、ウィトゲンシュタインがこのあまりに当たり前の事実を忘れているはずがない。したがって、むしろこの四・〇〇一節では、『論考』という書物が言語のどの機能に焦点を合わせているかをあらためて説明している、と解するのが適当だろう。『論考』の目的は、我々が語りうることの限界を引くこと——我々にこしらえうる有意味な命題の限界を引くこと——であり、事態の描出以外の言語の機能（挨拶、命令、祈り、等々）は、この書物の関心の埒外《らちがい》にある。つまり、『論考』は命題の有意味性の探求に特化しており、それゆえこの書物では主に命題の総体を指す用語として「言語」という語を用いる、という宣言を、四・〇〇一節において彼は行っているのである。

日常言語の目的と、『論考』の人工言語の目的

そして、続く四・〇〇二節では彼は、日常言語の構造の複雑さと、その見えにくさを強調している。この論点についてもすでに本書§12で確認済みだ。

日常言語では、多義的に記号が使用されるケースや、見掛け上は同じような記号の配列をしている命題でも、実際には異なる事態を表現しているようなケースが多い。それゆえ、見掛け上のかたちに惑わされて、当該の命題が実際にはどのような事態を描き出しているかを見誤ったり、そもそも意味を成してない記号列を有意味な命題と見誤ってしまうという混乱も生じてくる。日常言語の諸記号には無数の分解や分析の余地があり、その構造は見掛け以上に遙かに複雑であって、それゆえ、「日常言語から言語の論理を直接読み取ることは、人間には不可能である」(同節)。

ただし、日常生活を送っているうえでは、それで何の問題もない。我々は、日本語なら日本語の各記号がさらにどのように分解・分析できるかということに全く無頓着でも、日本語を使いこなせている。すなわち、無数の命題を新たにこしらえられるし、他人がこしらえた命題を即座に理解することができる。日常で何ごとかを描写し、伝え合う際に、各記号の細密な全体論的構造を明らかにする必要などない。それは日常言語の目的ではないのだ。

しかし、有意味な命題のようでいて実際には無意味な記号列にすぎない、そうしたいわば命題もどきを炙り出すためには、日常言語とは別の目的をもつ人工言語が必要になる。すなわち、見掛けとは異なる実際の命題の全体論的な構造——ウィトゲンシュタインが最もよく使う用語で言えば、論理形式（70頁）——を見えやすくし、何が有意味な命題で何がそうでないのかを明確に判別するのに役立つような、日常言語の補助的な道具となる言語である。実際、『論考』の多くの節を割いて彼がそうした人工言語である概念記法の基本設計を提示しようと試みているという点も、130頁で見たばかりである。

諸命題の本当の論理形式を見通すことによって、哲学の諸問題にけりをつける

そして、最後の四・〇〇三節および四・〇〇三一節も、ここまで本書で確認してきた論点の延長線上にある。

『論考』は、「善と美は同一であるか」といった哲学の問題の大半が語りうることの外にあること——哲学の命題や問いのほとんどはそもそも無意味であること——をア・プリオリなかたちで論証しようとする書物である。もしこの目論見が正しいとすれば、哲学の問題に対する答えに真や偽という判定を下すことはそもそもできないことになる。なぜなら、哲学の問題という最も深遠な問題は「実は全く問題ではなかった」（四・〇〇三節）ということになるからである。これまでの哲学者たちは、自分たちが用いている日常言語の見掛けに惑わされ、その論理を理解できず、結果として様々な擬似問題をこしらえてきた。そ

して、それに答えようという無駄な努力を重ねてきた、ということである。

それゆえ、哲学の問題にけりをつけるために肝心なのは、日常言語を構成する諸命題の見掛け上の論理形式に惑わされずに、本当の論理形式を見通すことである。そしてその作業は、繰り返すように、記号論理学の人工言語である概念記法の開発と運用を通して行われるべきだというのが、『論考』におけるウィトゲンシュタインの基本的な方針である。この作業を彼は、「言語批判」と呼んでいる。そして、「言語批判」こそが哲学である、と述べている（四・〇〇三一節）。これはどういうことだろうか。

『論考』における「言語批判」とは何か

まず、「言語批判」というのは、既存の日常言語を何か欠陥のある言語だと批判する、ということではない。すでに見たとおり、ウィトゲンシュタインは日常言語を論理的に不完全な言語だと見なしているわけではない。まして、日常言語に取って代わるべきより論理的な言語として概念記法を開発しようとしているわけでもない。そうではなく、見掛けでは見えにくい日常言語の本当の論理形式を、概念記法を用いてよく見えるようにすること——その意味で、日常言語の構造をよく吟味し、語りうることの限界を見極めること——を、彼は「言語批判」と呼ぶのである。

それゆえ、彼は、「マウトナーの言う意味において」（四・〇〇三一節）言語批判という言葉を用いているわけではない。マウトナーとは、十九世紀末から二十世紀初頭にかけて主にベルリンで活躍した哲学者・作家フリッツ・マウトナーのことを指す。マウトナーは、日常言語は世界を不完全なかたちでしか捉えられないと考え、「言語批判」の名の下に、日常言語からの解放を訴えた[1]。ウィトゲンシュタインは、そのように日常言語を貶《おとし》めるわけではない。彼の考えに従うなら、日常言語で語りえないことは、他のどんな言語でも語りえないのである。

哲学という病いの治療としての哲学

そしてウィトゲンシュタインは、「哲学は「言語批判」に尽きる」（四・〇〇三一節）と述べるわけだが、この主張も一見すると奇妙である。というのも、『論考』は哲学の営みを終わらせること――哲学の諸問題を一挙に解消すること――を目指しているはずなのに、ここでは、哲学の積極的な役割が提示されているからだ。

結論から言えば、ウィトゲンシュタインは二通りの仕方で「哲学」という言葉を用いているということだろう。ひとつめは、実は無意味な擬似問題をこねくり回している営みとしての哲学である。そしてもうひとつは、そのことを暴く営みとしての哲学である。ウィトゲンシュタインによれば、前者の哲学とは、日常言語の論理の無理解によって人間がときに陥ってしまう思考の混乱であり、その意味では病いに似たもの――古来人間が不断に患ってきた、いわば思考の病い――にほかならない。他方、後者の哲学は、彼が言うところの「言語批判」を通じて、その病いの治療を行う営みだと言えるだろう。そして、哲学は言語批判に尽きる、と言っているとおり、彼にとって積極的に存続すべき哲学は後者のものに限られる、ということになるのである。

(1) マウトナーの言語論の大枠については、さしあたり、古田徹也『言葉の魂の哲学』(講談社、二〇一八年)の56-57頁などを参照してほしい。

§16 命題の意味の確定性と、命題の無限の産出可能性

――四・〇一〜四・〇三一節

【抜粋】

四・〇一 命題は現実の像である。……

四・〇一一 一見したところ、命題は――たとえば紙に印刷されている場合などは――それが表している現実の像であるようには見えない。しかし、楽譜も一見すると楽曲の像には見えず、我々の表音文字(アルファベット)もまた、我々の発話の音声の像には見えない。

……

四・〇一六 命題の本質を理解するには、象形文字のことを考えよ。象形文字は、それが記述する事実を写像している。

そして、象形文字がアルファベットになったときにも、その写像の本質は失われなかったのである。

……

四・〇二一　命題は現実の像である。というのも、命題を理解するとき、私は意味の説明を受けることなしに、その命題が描き出している状況を把握するからである。

……

四・〇二三　命題は、後はイエスかノーかを確かめればよいところまで、現実を確定しているのでなければならない。……

四・〇二四　命題を理解するとは、それが真であるならば事実はどのようであるかを知ることである。
（したがって、命題が真であるかどうかを知らずとも、人は命題を理解することができる。）……

……

四・〇二七　命題が我々に新しい意味を伝えることができるというのは、命題の本質に属している。

四・〇三　命題は、既存の表現で新しい意味を伝えなければならない。……

四・〇三一　命題において、状況はいわば実験的に構成される。
「この命題はしかじかの意味をもつ」と言う代わりに、単刀直入に、「この命題はしかじかの状況を描き出す」と言ってもよい。

【解説】

現実の像としての本質は、象形文字でも表音文字でも変わらない

§15で見た四・〇〇三節台では、哲学とはどのような営みであるかという論点までウィトゲンシュタインは踏み込んでいたが、その後の四・〇一節台では再び、現実の像としての命題の諸特徴の考察に立ち戻っている。

命題の本質は、見聞きすれば直ちに現実の像として把握されるという点にある。この点は、象形文字によって書かれた命題のことを考えれば最も分かりやすいと彼は言う（四・〇一六節）。とはいえ、§5でも強調したように（67頁）、命題を構成する要素と現実を構成する対象が視覚的に似ているということ自体は、なんら本質的なことではない。

実際、現代の人々の大半は象形文字を用いていないから、命題は視覚的には現実の像であるようには見えない。たとえば、紙に印刷されている「犬が寝ている」というインクの染みそれ自体は、実際に犬が寝ているという現実とは似ても似つかない。もっとも、「犬」という漢字は犬の姿を模した象形文字が基になっているから、犬に少しは似ていると言えるかもしれない。だが、表音文字であるアルファベットの「The dog is asleep.」という

命題ともなれば、現実との外形的な類似性は全く認められないだろう。それはちょうど、楽譜に書かれた記号列というインクの染みそれ自体と、それが写し取っている楽曲が、どう見ても全く似ていないのと同様である（四・〇一一節）。

命題は、真か偽であるのに先立って、すでに意味をもっている

しかし、それでも、楽譜を読める者からすれば、楽譜は紛れもなく楽曲に対応するものとして直ちに立ち現れている。同様に、日本語を習得しているならば、「犬が寝ている」という命題を聞くなり見るなりしたとき、何も説明を受けずとも、それがどのような現実を写し取っているかを我々は直ちに把握することができる（四・〇二一節）。繰り返すように、ウィトゲンシュタインはこの点に像というものの本質的な特徴を見て取るわけだが、このポイントは、さらにふたつの重要な論点を含んでいる。

ひとつめは、我々が命題をそれとして把握するとき、その命題はすでに明確な意味をもっている、ということである。その命題が真か偽かというのは、現実と一致するかどうかを確かめないと確定しない。しかし、意味自体は確定している。それゆえ、「命題を理解するとは、それが真であるならば事実はどのようであるかを知ること」（四・〇二四節）であり、「命題が真であるかどうかを知らずとも、人は命題を理解することができる」（同節）と言うことができるのである。

もちろん、実際の生活では、誰かが口走ったある命題が何を言っているか（どういう事態を表現しているか）がいまいち明確でない、ということもあるだろう。しかし、これは正確には、誰かが発した音声に本当に意味があるかどうかまだ分からない——まだその音声がそもそも有意味な命題であるとは限らない——ということにほかならない。我々が命題を理解しているときには、それは必ず意味をもち、それゆえ、真か偽でありうるような何らかの事態を表現していると、ウィトゲンシュタインは強調しているのである。

命題は、既存の表現を並べ替えることで新しい意味を伝えなければならない

そして、ふたつめの重要な論点は、はじめて見聞きする命題を前にしても我々は、何も説明を受けずに、直ちにその意味を把握できる、ということである。繰り返すように、実際の生活では理解するまで多少なりとも時間がかかるケースはある。特に、専門用語で複雑な事態を表現している命題などである。しかし、他の大半のケースでは、我々は初見の命題をほとんどノータイムで理解している。それこそ、写実的な絵画を見たときのように。これは、改めて考えると驚くべきことではないだろうか。

たとえば、「ビートルズが日本の公民館でシークレットライブを行った」というのは、間違いなくいま初めてつくられた、世界初の命題だろう。にもかかわらず、我々はこの命題が何を意味しているかを直ちに理解できるだろう。つまり、我々は世界初の命題を難な

く、そして際限なく作り出せるし、それを難なく理解できる。なぜ、そのようなことが我々に可能なのだろうか。

もしも、我々があらかじめ無限に語彙を蓄えられるのであれば、その手持ちのストックを小出しにすることで、無限に世界初の命題を提供し続けることができるだろう。しかしもちろん、そのようなことは不可能だ。有限の能力しかもたない我々は、実際には有限の語彙しか持ち合わせていない。したがって、ウィトゲンシュタインの表現を用いるなら、「命題は、既存の表現で新しい意味を伝えなければならない」（四・〇三節）。もう少し具体的に言うなら、既存の表現を用いて、その既存の配列を並べ替え、新しい組み合わせ方を産み出すことで、我々は日々、世界初の命題を生産し続けている。先の世界初の命題の例で言えば、「ビートルズが」も、「日本の公民館で」も、「シークレットライブを行った」も、それぞれは既存の表現であり、別の様々な表現と結合して命題を構成し、様々な意味を担ってきたものだ。しかし、「ビートルズが日本の公民館でシークレットライブを行った」という配列の仕方はまさにいま、私が産み出したのである。その意味で、「命題において、状況はいわば実験的に構成される」（四・〇三一節）と言うこともできる。我々は、既存の表現を並べ替える作業を通して、新しい状況を描き出す実験を行う。そのようにして、「命題が我々に新しい意味を伝えることができるというのは、命題の本質に属している」（四・〇二七節）、ウィトゲンシュタインはそう指摘するのである。(1)

既存の表現の並べ替えは、何らかの構文論的規則に従ってなされなければならない

ただし、その配列の仕方、既存の表現の組み合わせ方というのは、当然のことながら、出鱈目に並べたものであってはならない。たとえば、「シークレットライブを行った日本の公民館でビートルズが」ではそもそも有意味な命題にはならない。したがって、配列の仕方は論理的なものでなければならない。（まさにここで、「論理」という概念が要請される。）別の言い方をすれば、表現同士の結合は何らかの構文論的な規則に従っているのでなければならない。だからこそ、我々は世界初の命題を発したとき、あるいは見聞きしたとき、その命題を構成する各部分とその配列の仕方から、その意味を直ちに理解することができるのである。

そして、その構文論的な規則というのは、個別の日常言語の次元で捉えるならば、日本語の文法や英語の文法といったものがそれにあたるだろう。また、『論考』でウィトゲンシュタインが追い求めている、より普遍的な次元で捉えるならば、彼が言うところの論理的文法ないし論理的構文論（127頁）がそれにあたるだろう。たとえば、「ビートルズが」という表現は、日本語の文法学のセオリーどおり、「ビートルズ」という固有名詞と「が」という助詞とに分解できるかもしれない。そして、論理的構文論の次元では、さらにきめの細かい仕方で——あるいは別の仕方で——分解されるかもしれない。いずれにせよ、何

らかの構文論的規則に従って、論理的なかたちで、既存の表現（究極的には、名）が新しい仕方で配列されるということが、〈我々は世界初の命題を際限なく産み出すことができるし、その命題を直ちに理解することができる〉ということを説明するのである。

ただし、『論考』が基本的に定位している論理空間という次元で眺めるならば、正確には、どんな命題も新しく産み出されることはない。なぜなら、そこでは諸命題はすでに完全に分析され、名の配列の可能性はすでに完全に予定されていることになっているからである。『論考』という書物で彼が問題にしているのは、命題の無限の産出可能性というもののさらに先にある。すなわち、言語のこうした意味での極めて豊饒な可能性を踏まえたうえで、なおその限界がいかに画されうるかを彼は探究しているのである。

（1）以上の『論考』の議論は、後の二十世紀後半に、言語哲学や言語学の分野で「言語の無限の産出可能性」や「言語の創造性」などとして着目された特徴に対する先駆的な議論である。なお、ウィトゲンシュタイン自身はこの論点もフレーゲから受け継いでいると思われる。詳しくは、飯田（一九八七）95-96頁の記述を参考にしてほしい。

§17『論考』の根本思想──四・〇三一一〜四・〇三一二節

【抜粋】

四・〇三一一　ある名はある物を表し、別の名は別の物を表し、そして、それらの名が互いに結合されている。その全体が……事態を表現する。

四・〇三一二　命題の可能性は、記号が対象に代わってそれを表す、という原理に基づいている。

私の根本思想は、「論理定項」は何らかの対象を表すものではない、事実の論理を記号が表すことはない、というものである。

……

【解説】

「論理定項」とは何か

名はそれぞれ、何らかの対象（物）を指示する。そして、名同士が結合した全体である命題が事態を表現する（四・〇三一一節）。それゆえ、個々の命題が具体的にどのような事態を表現するかは、究極的には名にまで分解される記号がどのような対象を指示するかに応じて決まることになる。[1]その意味でウィトゲンシュタインは、現実の像としての命題の可能性は、記号が対象を表す（対象を指示する）という原理に基づいている、と述べている（四・〇三一二節）。

ここまでは、すでに見てきた論点の繰り返しと言える。重要なのは、これに続けて彼が、「私の根本思想は、「論理定項」は何らかの対象を表すものではない、事実の論理を記号が表すことはない、というものである」（同節）と語っている点である。自らの根本思想ということで、ここで彼は何を言っているのだろうか。

まず、「論理定項」とは何かということをはっきりさせておこう。この言葉で彼は、命題に対する何らかの操作を表現する記号を指している。たとえば、「〜」、「.」、「∨」、「⊃」といった記号であり、これらはそれぞれ、否定「ではない」、連言「かつ」、選言「または」、条件「…ならば…」という操作を表現している。（なお、これらの記号は、現在

命題に対する操作の一例	『論考』における記号表記	現在の標準的な記号表記	『論考』における記号の使用例
否定「ではない」	~	¬	~p〔pではない〕
連言「かつ」	.	∧	p.q〔pかつq〕
選言「または」	∨	∨	p∨q〔pまたはq〕
条件「…ならば…」	⊃	⇒	p⊃q〔pならばq〕

の記号論理学における標準的な表記法とは異なっている。現在では、否定、連言、選言、条件はそれぞれ、「¬」、「∧」、「∨」、「⇒」と表記されるのが普通である。）

　現代の記号論理学は、基本的に、こうした論理定項によって結合される命題間の関係を考察する学問分野だと言える。たとえば、命題を「p」や「q」等の記号で表記した場合、「p.q」〔pかつq〕という複合命題からは、pが論理的に（あるいは、必然的に）帰結する。同様に、「(p∨q).~p」〔pまたはq、かつ、pではない〕からは、qが論理的に帰結する。こうした命題間の関係——あるいは、たとえば「(p∨q).~p」という記号からqという記号への変換規則——を探究する営みに、記号論理学の基本を見て取ることができる。

論理定項は名ではない、論理は語りえない

ここで話を『論考』四・〇三一二節に戻そう。ウィトゲンシュタインによれば、「・」や「∨」といった記号（論理定項）は何ものも指示していない。

実は、この主張の意味するところが十全に説明されるのは、ずっと後の五・二節以降である。そのため、ここでは関連するより大きな論点を提示することによって、この主張の含意と射程を大雑把に捉えておくことにしたい。

さて、たとえば「(p∨q).~p」からqが論理的に帰結するということから我々は、前者の命題のなかに現れる「∨」や「.」、「~」といった記号が、我々の言語がおのずと反映している何らかの性質を——すなわち、我々が「論理的」と呼ぶ性質を——指示しているという風に思えるかもしれない。なるほど、日常言語では見えにくい命題間の関係が、こうした記号を用いた概念記法によって見通しやすくなる、ということはあるだろう。しかしそれは、論理的性質それ自体がこれらの記号によって表された、ということではない。というのも、その概念記法も同様に、我々が「論理的」と呼ぶ性質に従っているものにほかならないからである。もしかしたら、現在の記号論理学の体系よりもさらに表現能力が高い体系が今後開発され、命題「(p∨q).~p」の構造がより見通しやすくなるような、別のさらなる概念記法が出来上がるかもしれない。しかし、それも相変わらず、我々が「論理的」と呼ぶ性質に従っているのであり、その従属関係から抜け出して、論理それ自体を

いわば外から――つまり、非論理的に――表現できるわけではない。

日常言語よりも論理的な言語があるわけではない（131―132、151頁）。どの言語も等しく論理的である。すなわち、等しく論理に従っている。しかし、みずからが従っているその性質を言い表すことはできない。このポイントを最も分かりやすく説明している記述が、『論考』の草稿執筆期に彼がつくったノートのなかにあるので、ここで紹介しておこう。彼は次のように述べている。

語ることが可能な全てのことを表現しうるもしくは語りうる言語が存在するとすれば、この言語は或る性質を持たねばならない。そしてこのことが実情であるならば、この言語が当の性質を持つことは、もはやこの言語でも、又いかなる言語でも、語ることができない。（「ノルウェーでG・E・ムーアに対して口述されたノート」奥雅博訳、〈ウィトゲンシュタイン全集1〉、大修館書店、一九七五年、317―318頁）

日常言語の特定の命題について、その論理的な性質をよりきめ細かに記述したり、あるいは別の特定の人工言語（概念記法）を用いて、特定の記号の配列として記述していくことはできる。しかしそれは、ある特定の像と現実の表現関係を表す別の複雑な像をこしらえることと変わらない。命題と現実が共有する論理形式そのものを写し取る像を描くことが不可能であるというのは本書の最初の方で確認したが（71-72頁）、そうした言語の論理的性質そのものを言語で言い表すことはできない。この最終的な地点のいわば象徴として位置づけられるのが、「語ることが可能な全てのことを語りうる言語」、すなわち〈究極の言語〉なのである。

仮に、〈究極の言語〉によって、命題間の関係が文字通りこれ以上ないきめ細かさと明確さで記述されたとしてみよう。しかし、その場合、まさにこれ以上の記述は不可能となる。〈究極の言語〉が従っている論理的性質――あるいは言い方を換えれば、この言語の各命題が背景にしている論理形式――それ自体は、この言語が「語ることが可能な全てのことを語りうる言語」であるがゆえに、もはや原理的に語りえないことが明確となるのである。

論理定項は名ではなく、何らかの対象を表すものではない。この「根本思想」は、さしあたりここでは以上のように、論理それ自体を対象化して記号で指示することはできない、という指摘の一環として理解しておこう。なお、この「根本思想」は後で、論理定項とは命題に対する操作であるという論点を突き詰めるかたちで、より具体的かつ明快に論じられている（§25：234-235頁）。その詳細については、また追って確かめることにしたい。

（1）ただし、これは、記号（語、名）は諸命題のなかで使用されることではじめて指示対象をもつという、先に確認した論点（105-106頁）と矛盾するわけではない。文脈原理（89頁の註（1）参照）とは命題とその構成要素の関係についての一般的なレベルの説明である一方で、その構成要素が何を指示するかが命題の意味を決定するというのは、個別の具体的な命題の意味についての説明だからである。この点については、飯田（一九八七）97-100頁の記述を参照してほしい。

§18　否定と否定される命題の関係
——四・〇五〜四・〇六四一節

【抜粋】

四・〇五　現実は命題と比較される。

四・〇六　命題は、現実の像であることによってのみ、真か偽でありうる。

……

四・〇六四　いかなる命題も、〔真か偽であるのに先立って〕すでに意味をもっているのでなければならない。命題を肯定しても、命題に意味を与えたことにはならない。肯定とはまさしく、意味の肯定にほかならないからである。そして、同様のことが否定などについても当てはまる。

四・〇六四一　次のようにも言えるだろう。否定は、否定される命題が指定する論理的場にすでにかかわっている、と。

否定命題は、否定される命題とは別の論理的場を指定する。

否定命題は、否定される命題の論理的場の助けを借りて、ある論理的場を指定する。それは、みずからの論理的場を、否定される命題の論理的場の外にあるものとして記述することによってである。

否定された命題を再び否定できるということが、否定されるものがすでに命題であって、否定命題のための準備段階にすぎないものなどではないことをすでに示している。

【解説】

論理的場を反転させる操作としての否定

自身の「根本思想」に挿話的に触れたウィトゲンシュタインは、四・〇五節からは再び、現実の像としての命題という、目下の議論の本流へと立ち戻っていく。

命題は、真か偽であるのに先立って、すでに意味をもっている。そして、現実と比較されることによって、命題は真か偽になりうる（本書§16）。したがって当然、命題を肯定する（ある命題を真と認める）ことによって命題に意味が与えられるわけではない。命題の肯定とは、命題の意味の肯定にほかならないからである（四・〇五〜四・〇六四節）[1]。

ここまでは、やはり既出の論点の繰り返しである。ただ、続く四・〇六四一節ではこれ

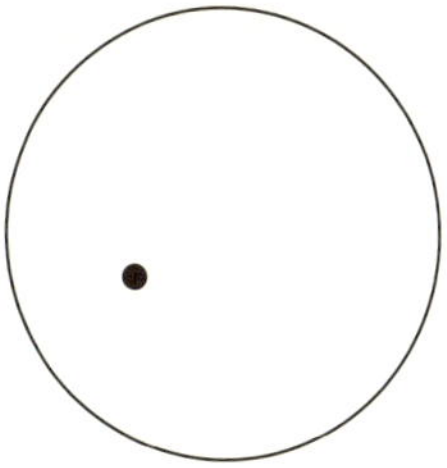

論理空間内で命題 p
が指定する論理的場

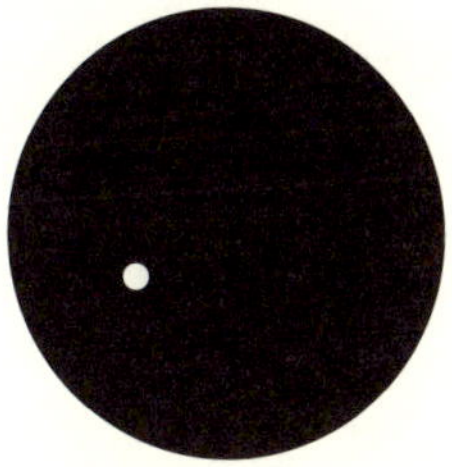

論理空間内で否定命題 ~p
が指定する論理的場

を踏まえて、否定命題の特徴が明確にされている。
否定命題――先述の記号で表すなら「~p」――は、否定される命題が指定する論理的場にすでにかかわっている。すなわち、否定される命題の論理的場の助けを借りて、その論理的場の外側全体を自身の論理的場として指定するのだという。

具体例で考えてみよう。「椅子の上に本がある」という命題の否定、たとえば「椅子の上に本があるのではない」は、論理空間のうち、「椅子の上に本がある」という命題が指定する場は当然指定しない。しかし、それ以外のあらゆる場を指定する。なぜなら、「椅子の上に本があるのではない」は、「椅子の上にぬいぐるみがある」ことも、「机の上に本がある」ことも、はたまた、「ビートルズが日本の公民館でシークレットライブを行った」ことなども、すべて可能性として排除しないからである。

その意味で、否定という操作は、論理空間のうちで、ある命題が指定している論理的場を反転させる操作として捉えることができる。したがって、同じ命題をもう一度否定すると、もう一度反転し、元の論理的場が指定されることになる。つまり、二重否定（~~p）は肯定（p）に等しいのである。

（1）ここには、フレーゲに対する批判的な論点も含まれている。本文では省略した四・〇六三節のなかで、ウィトゲンシュタインはこう述べている。「……命題は「真」や「偽」と呼ばれる性質をもつもの（真理値）を指示するわけではない。フレーゲは、命題に対して「真である」や「偽である」という動詞が与えられると考えていたが、それは誤りだ。「真である」という動詞は、当該の命題が真であることのうちに含まれている」。また、これと関連するフレーゲ批判は四・四三一節でも展開されている。

§19　哲学と科学——四・一〜四・一一二一節

【抜粋】

四・一　命題が描き出すのは、事態の成立・不成立である。

四・一一　真なる命題の総体が、自然科学の全体（あるいは、諸科学の総体）である。

四・一一一　哲学は自然科学ではない。……

四・一一二　哲学の目的は、思考の論理的な明晰化である。

哲学とは学説ではなく、活動である。

哲学の仕事は、本質的には解明によって成り立つ。

哲学の成果とは「哲学的命題」ではない。諸命題が明晰になることである。

哲学は、そのままではいわば不透明でぼやけている思考を明晰にし、その限界をはっきりさせなければならない。

……

四・一一三　哲学は、自然科学が議論可能な領域を限界づける。

四・一一四　哲学は、思考可能なことを限界づけ、それによって思考不可能なことの境界線を引かなければならない。

哲学は、思考可能なことを通して、内側から思考不可能なことの境界線を引かなければならない。

四・一一五　哲学は、語りうることを明晰に描き出すことによって、語りえないことを指し示そうとする。

四・一一六　およそ考えうることはすべて明晰に考えうる。言い表しうることはすべて明晰に言い表しうる。

四・一二　命題はすべての現実を描き出せるが、しかし、そのために現実と共有していなければならないもの——論理形式——は描き出せない。

論理形式を描き出すためには、我々はその命題とともに論理の外に——つまり世界の外に——立ちうるのでなければならない。

四・一二一　命題は論理形式を描き出せない。論理形式は命題に反映されているのである。

言語に反映されているものを、我々は描き出せない。

言語においておのずと表れているものを、我々が言語によって表現することはできない。

命題は現実の論理形式を示す。

命題は論理形式を提示する。

……

四・一二二　我々はある意味では、対象や事態の形式的性質について、あるいは事実の構造の性質について、論じることができる。また、それと同じ意味で、形式的関係や諸構造の関係について論じることができる。……

しかし、そうした内的性質や内的関係といったものは、命題によって主張されうるようなことではない。そうではなく、当該の事態を描き出し、その事態の対象を扱う命題において、示されるものにほかならない。

……

四・一二二一　事実の内的性質を、我々は事実の相貌と呼ぶことができる。（たとえば、人相について言うような意味で。）

【解説】

真なる命題の総体としての諸科学

思考とは命題であること（四節）、そして、命題とは現実の像ないし事態の成立・不成立であること（四・〇一、四・一節）、ウィトゲンシュタインはこの点に繰り返し立ち戻りながら、ここから多様な洞察を引き出していく。

四・一一節以下で言及されるのは、科学と哲学の関係である。『論考』において、言語が命題の総体として規定されていることはすでに見た（本書§16）。ここではさらに、諸科学の総体が、真なる命題の総体として規定されている（四・一一節）。

諸科学のうちでウィトゲンシュタインが特に念頭に置いているのは自然科学だが、社会科学や人文科学も当然、「諸科学の総体」に含まれるだろう。いずれにせよ、これらの学問の営みにおいて我々が行っているのは、実験や実証等を通じて世界のあり方を実際に探索しながら、客観的に真と言える事態を描き出そうとすることである。先に確認したように、命題の意味とは異なり、命題の真偽は我々の経験的探究を通じてしか決まらない（76、157頁）。諸科学はその作業を――そして、その作業のみを――人間にできる最も確実な仕方で遂行する営みだと言える。それゆえ、諸科学がこれまで達成してきた実績と、これから達成しうるであろう可能性との総体は、真なる命題の総体に一致するとウィトゲンシュタインは主張しているのである。

哲学とは学説ではなく、活動である

しかし、哲学はそのような営みではないと彼は続ける。つまり、哲学は科学ではないというのである（四・一一一節）。では、それはどのような営みなのか。

その答えはすでに提示されている。哲学とは言語批判である、というものだ（本書§15）。つまり、概念記法を道具として用いて、日常言語の見えにくい論理的な構造を明晰にし、それによって語りうることの限界を見極めることである。四・一一二節の冒頭で彼が、「哲学の目的は、思考〔＝命題〕の論理的な明晰化である」と述べていること、また、同節の末尾で、「哲学は、そのままではいわば不透明でぼやけている思考〔＝命題〕を明晰にし、その限界をはっきりさせなければならない」と述べていることは、言語批判としての哲学という自身の特徴づけをさらにパラフレーズしたものだと言えるだろう。

また、このような特徴づけから、哲学とは何らかの命題を真だと主張する営みではない、ということも帰結する。哲学の果たすべき役割とは、すでにある命題をより明晰にすること、あるいは、有意味な命題に見える記号列が実は無意味な命題もどきであることをはっきりさせることであって、命題自体を立てることではない。すなわち、「哲学の成果とは「哲学的命題」ではない」（四・一一二節）のである。

その意味でウィトゲンシュタインは、「哲学とは学説ではなく、活動である」（同節）とも言い切っている。つまり、哲学は、真だと主張する命題のカタログ（＝学説）ではなく、命題ないし命題もどきの明晰化という活動に尽きる、ということである。

語りうることすべてを最大限に明晰に語ることで、語りうることの限界を内側から引く

そして、以上の点から哲学には、「自然科学（あるいは、諸科学の総体）が議論可能な領域を限界づける」（四・一一三節）という役割があるということになる。なぜなら、言語批判を通じて哲学は有意味に語りうることの限界を引くからであり、そして、語りうることの限界とはつまり、真でありうる命題の限界——諸科学が学説として描き出すことができる事態の限界——にほかならないからである。

しかし、それにしても、語りうることの限界というものを、我々はどうやって引くことができるのだろうか。本書30-31頁や83頁でまず確認したように、我々がいわば言語の外に出て、語ることとは独立に考え、「これについては語りうる／語りえない」という判断を下す、などということはできない。それゆえ、語りうることの限界は内側からしか引けない。つまり、思考可能なこと（＝命題としてこしらえることが可能なこと＝語りうること）を内側から限界づけ、それを通して、「これについては語りうる／語りえない」という境界線を引かざるをえない（四・一一四節）。

しかし、ほとんど同じ問いの繰り返しになるが、語りうることを内側から限界づけるとはどういうことなのだろうか。四・一一五節以下でのウィトゲンシュタインの答えはこうだ。語りうることすべてを最大限明晰に語ることを通して、それでもなお語りえないことが示される。これが、語りうることを内側から限界づける、ということの内実だというのである。

語りえないこととは、論理形式（論理的性質、形式的性質、内的性質）とは何かである

そして、その示される「語りえないこと」として四・一二節で挙げられているのは、論理形式とは具体的にどのようなものか、である。

ここで復習しておくなら、論理形式とは、命題が現実を描き出すために現実と共有していなければならない写像形式の全体を指す（70頁）。そして、写像形式とは、命題およびそれが写し取る現実の構造の可能性すべてを指すのだから（68-69頁）、それは言い換えれば、個々の命題と事態が、論理空間全体に広がる全体論的構造を反映するかたちで存立していることを表している（144頁）。その意味で、命題と現実の写像形式――正確には、あらゆる種類の写像形式を含む論理形式――は、言語全体と世界全体の論理的性質を表しているということでもある。この論理的性質のことを、彼はときに形式的性質とも内的性質とも呼ぶわけだが（四・一二二節）、いずれにせよ肝心なのは、そうした論理形式や論理的性質、形式的性質、内的性質といった類いの、原理的に命題に反映されるものそれ自体は、命題で言い表すことができないということである。

もちろん、ある意味では我々は、そうした形式ないし性質の中身について語ることができるように思える（四・一二二節）。たとえば、日本語のある命題の構造を、概念記法の記号体系に置き換えることによって。しかし、その概念記法の論理的性質は、今度は何によって語ることができるのだろうか。――また別の概念記法によってだろうか。以下、きりがない。つまり、最終的には、いかなる言語も従っている論理的性質それ自体について語ることはできない。

この点は、すでに本書§17で見たとおりだが（165–167頁）、さらに、四・一二二一節でウィトゲンシュタインが述べているように、相貌（顔つき、顔かたち）というものになぞらえることもできるだろう。我々は個々人の顔の特徴を把握している。そして、その特徴について説明を重ねていくこともできる。たとえば、鼻が高く、頬骨《ほおぼね》が出ていて、唇が厚ぼったい、等々である。しかし、同様の説明が当てはまる人はいくらでもいる。どれほどきめ細かく記述しても、言葉による説明だけでその人の顔の特徴それ自体を表現することはできないだろう。あるいは、我々は、その人の顔の特徴をデフォルメして表現した似顔絵を描いて説明することもできるだろう。しかし、そこで描かれているのも一個の顔にすぎない。その似顔絵の顔の特徴については、今度はどう説明できるのだろうか。デフォルメをよりきつくした似顔絵でも描けばよいのだろうか。以下、きりがない。つまり、顔の特徴はその顔におのずと表れているものなのであって、特徴それ自体を一個の対象として表現することはできないということだ。そして同様のことが、命題の形式ないし性質についても言えるのである。

言語の限界は、〈究極の言語〉の想定において最もよく際立つ

ともあれ、ウィトゲンシュタインがこの一連の節で強調しているのは、論理形式や論理的性質といったものは「命題に反映されている」（四・一二一節）ものであり、「言語においておのずと表れているもの」（同節）だということである。それらはつまり、「当該の事態を描き出し、その事態の対象を扱う命題において、示されるものにほかならない」（四・一二二節）。

そして、〈命題は論理形式を語らず、示す〉というこのポイントは、事態をより明晰に、論理空間をよりきめ細かく表現すればするほど際立ってくる。繰り返すように、曖昧で不透明な日常言語を使用しているときには、その諸命題が従っている論理形式についてあたかも語ることができるかのように思えてしまう。つまり、我々はしばしば、言語学の用語や論理学の用語などによって日常言語の命題の論理的な構造をよりきめ細かく、より明晰に示すことができるという事実から、そうした構造それ自体を対象化して説明することが最終的に可能である、という錯覚を起こしてしまう。

逆に、〈究極の言語〉の想定は、そうした発想の飛躍を抑え、錯覚から目を覚ます効能があると言えるだろう。というのも、〈究極の言語〉による記述に近づけば近づくほど、語ることが可能なすべてのことを語りうる言語ですら——というより、そのような言語であるからこそ——語りえないことがあるということを、我々ははっきりと認識できるからである。それゆえにウィトゲンシュタインは、「およそ考えうることはすべて明晰に考えうる。言い表しうることはすべて明晰に言い表しうる」（四・一一六節）と主張し、言語批判としての哲学のまさに究極の目的である〈究極の言語〉の存在を措定しながら、「哲学は、語りうることを明晰に描き出すことによって、語りえないことを指し示そうとする」（四・一一五節）と述べているのだろう。

§20　要素命題とその両立可能性（相互独立性）

——四・二一〜四・二六節

【抜粋】

四・二一　最も単純な命題、すなわち要素命題は、あるひとつの事態の成立を主張する。

四・二一一　要素命題のひとつの特徴は、いかなる要素命題も他の要素命題と両立不可能ではない、ということにある。

四・二二　要素命題は名からなる。それは名の連関・連鎖である。

四・二二一　命題を分析していけば、最終的に、名が直接結合してできた要素命題に達しなければならないのは明らかである。
　要素命題が存在するからこそ、命題と命題の結合がいかにしてなされるかも問題になるのである。

四・二二一一　たとえ世界が無限に複合的であり、それゆえどの事実も無限に多くの事態からなり、さらにどの事態も無限に多くの対象から構成されているとしても、とにかく対象と事態とが存在しなければならないことに変わりはない。

四・二三　名は、要素命題という文脈においてのみ、命題のなかに現れる。

……

四・二五　要素命題が真であるとき、その事態は成立している。要素命題が偽であるとき、その事態は成立していない。

四・二六　真なる要素命題をすべて列挙すれば、世界は完全に記述される。要素命題をすべて列挙し、さらに、それらのうちのどれが真でどれが偽であるかを述べれば、世界は完全に記述される。

……

【解説】

要素命題——名のみからなる、名同士が直接結合してできた命題

この四・二一節以降、ウィトゲンシュタインは要素命題とは何かについて言及し始める。ただ、本書ではすでにこの用語を先取りして解説を加えている（§9）。そのため、多くの部分が本書で既出の論点の繰り返しになる。

まず、要素命題とは最も単純な命題である（四・二一節）。「最も単純」とは、複数の命題が結合してできた複合命題ではない、ということだ。言い換えれば、名のみからなり、名同士が直接結合してできた命題だ、ということである（四・二二、四・二二一節）。ただし、名がまずそれとして独立して存在し、次にそれらが寄せ集まって要素命題が出来上がるのではない。名は要素命題という文脈においてはじめてそれとして輪郭づけられる。すなわち、何らかの指示対象をもつ記号たりうる（四・二三節、本書§11）。

以上の点に関して、「名のみからなる」「名同士が直接結合している」というのは具体的にどういうことを指すのか、という疑問は当然出てくるだろう。しかし、『論考』の枠組みでは名とは何かをア・プリオリに例示することは決してできないから、この疑問にも基本的には答えるすべはない。とはいえ、個々の名は個々の対象――時間・空間内に何らかの位置を占める物――に対応するわけだから、たとえば、日本語の「である」や「は」や「が」といった語の類いが名に含まれることはないと言えるかもしれない。というのも、これらの語が何らかの対象を指示するとは考えにくいからである。しかし、他方で、要素命題は少なくとも、二次元（平面）や三次元（空間）、さらには四次元（時空）上での対象同士の位置関係を示すことができなければならないだろうから、それを構成する名同士の配置も、記号の文字通りの配列という一次元的なものではなく、むしろ、立体ないしは超立体的な配置となるのかもしれない。

ともあれ、名とは具体的にどういうものであり、名同士が直接結合しているというのは具体的にどういうことを指すのか、というのは、『論考』において探究されるべき問題ではない。この書物が提示するのは、要素命題とは名の連関・連鎖であり、最も単純な事態（＝対象が直接結合してできた事態）を表現するということ、そして、要素命題が真であるときには、その事態は成立しており、偽であるときには成立していないということ（四・二五節）、そうした基本的な枠組みに尽きるのである。

なぜ要素命題が存在しなければならないか

ただし、そもそもなぜこのような要素命題の存在を想定する必要があるのか、という問いには、『論考』の枠組みのなかでも答えを出すことができる。それは、以前にも確認したように、語りうることの限界をア・プリオリに引く、という『論考』の目的と直結している。この目的を果たすためには、文字通り最大限の表現能力をもつ〈究極の言語〉を想定し、この言語ですら語りうることに限界があることを証し立てなければならない。

そして、この想定自体がそもそもが可能であるためには、命題の分析がどこかで終端を迎えなければならない。言い換えれば、あらゆる命題がそれらへと分析されるような——したがって、あらゆる命題が、それらが結合してできる複合命題であることになるような——そうした基礎的な命題の一群が、分析の果てに残るのでなければならない。というのも、仮に命題の分析に終わりがないのであれば、当然、〈究極の言語〉なるものはそれとして存在しえないからである。

したがって、〈究極の言語〉が存在し、語りうることすべてが明晰に描き出されうるのだとしたら、「命題を分析していけば、最終的に、名が直接結合してできた要素命題に達しなければならないのは明らか」（四・二二一節）であるし、それに見合って、対応する世界においても、「とにかく対象と事態とが存在しなければならない」（四・二二一一節）ということになる。そして、あらゆる命題は要素命題同士の結合として捉えられるのであるから、あらゆる命題の可能性は、どのような要素命題が存在するかということに依存するし、それらの命題の真偽も、それを構成する要素命題の真偽に依存する。すなわち、「真なる要素命題をすべて列挙すれば、世界は完全に記述される」（四・二六節）のである。（なお、あらゆる命題の真偽が要素命題の真偽に依存する、ということの内実に関しては、次の§21でより詳しいかたちで確認する。）

要素命題の両立可能性＝相互独立性の要請

そして、「要素命題のひとつの特徴は、いかなる要素命題も他の要素命題と両立不可能ではない、ということにある」という四・二一一節の叙述は、以上の〈命題の分析は終端を迎えなければならない〉という要請からの、ある意味当然の帰結である。

どの要素命題も他の要素命題と両立可能であるというのは、言い方を変えれば、要素命題は相互に独立だということである。では、「両立可能」とか「相互に独立」というのは何を意味するのだろうか。

逆に考えてみよう。命題同士が両立不可能であるとか、何かしらの依存的な関係にあるというのはどういうことだろう。たとえば、「太郎と花子は夫婦である」という命題は、「太郎は独身である」という命題と両立不可能である。なぜなら、太郎と花子が夫婦であるならば、太郎が独身であることは論理的にありえないからである。

あるいは、こう言うこともできる。「太郎と花子は夫婦である」という命題が真であると仮定すれば、「太郎は独身である」という命題は必然的に偽であることになる。その意味で、後者の命題の真偽は前者の命題の真偽に依存する、ということである。

だとすれば、命題同士が両立可能であるとか相互に独立であるというのは、一方の命題の真偽が他方の命題の真偽に論理的・必然的な影響を与えない、ということとして理解できる。たとえば、「太郎と花子は夫婦である」という命題が真であることは、「太郎は以前に別の人と結婚したことがある」という命題を必然的に真にしたり偽にしたりはしない。その点では、この両命題は両立可能であり、相互独立的なのである。

ところで、「太郎と花子は夫婦である」が真であるならば「太郎は独身である」が必然的に偽であることになるのは、命題「太郎と花子は夫婦である」の意味に、命題「太郎は結婚している」が含まれているからである。この点をより正確に表現するならば、命題「太郎と花子は夫婦である」は、「太郎は結婚している、かつ、花子は結婚している、かつ、太郎が結婚している相手は花子である」といった複合命題として捉えうる、ということである。言い換えれば、命題「太郎と花子は夫婦である」は、これら「太郎は結婚している」等の命題にさらに分析可能だ、ということである。

したがって、これ以上分析する余地のない命題は、他の命題をその意味として含むことがないのだから、他の命題を必然的に真にしたり偽にしたりする影響を決して与えないことになる。つまり、要素命題は両立可能（相互独立的）でなければならないのである。

それにしても、要素命題とは何なのか

しかし、必然的に両立可能であるような命題とは、実のところどのような命題なのだろうか。換言するなら、要素命題とはどのような事態を描き出す像なのだろうか。

繰り返すように、『論考』においては要素命題の具体的な意味を語ることは決してできないことになっているから、この問いに答える筋合いはない。しかし、要素命題をそれとして輪郭づけることは、ア・ポステリオリな仕方でのみ可能であるのではなく、そもそも論理的に不可能であるようにも思えるのである。

たとえば、空間内のある一点を指して、「これは赤い」と語ることは、「これは青い」こ

とや「これは黒い」こと等の可能性を排除する。なぜなら、ある一点が同時に二つの異なる色をもつことは論理的にありえないからである。つまり、「これは赤い」という極めて単純に見える命題ですら、「これは青い」や「これは黒い」等々の命題と両立可能ではないのである。（ちなみにこのことを、ウィトゲンシュタインはずっと後の六・三七五一節で述べているが、本書ではその節は省略する。）

同様に、ある線を指して、「これは3センチメートルだ」と語ることは、「これは4センチメートルだ」等々の命題を排除するし（ある線が同時に二つの異なる長さをもつことはありえない）、また、空間上を動くある点について「これは時速2キロメートルだ」と語ることも、「これは時速3キロメートルだ」等々の命題を排除する（ある点が同時に二つの異なる速度をもつことはありえない）。だとすれば、他にどのような命題が要素命題としてありうるのだろうか。というより、最も単純な相互独立的な命題などそもそもありうるのだろうか。

もしもありえないとすれば、それは『論考』にとって致命的な問題となりかねない。というのも、要素命題は我々が世界の具体的なあり方を語る命題すべての基礎にあるとされるものなのだから、何らかのかたちで世界のあり方と接点をもつのでなければならないが、そのような基礎的かつ具体的な意味をもった命題がそもそも論理的に存在しえないということになれば、〈要素命題同士の結合によってあらゆる命題が構成される〉という枠組み自体が瓦解するおそれがあるからだ。

実際、若き日に『論考』を上梓《じょうし》したウィトゲンシュタインは、それからおよそ十年後、要素命題は両立可能である（相互に独立である）という主張を撤回するに至る。そして、その転換はまた、彼が『論考』の議論を乗り越え、いわゆる後期の思考を紡ぎ始める時期と一致する。しかし、それはまた別の話であり、前期ウィトゲンシュタインと後期ウィトゲンシュタインはいつ、どのような点で分かたれるのかという論点は、本書で扱う範囲を完全に超えている。それゆえ以下では、要素命題の両立可能性（相互独立性）を要請する『論考』の枠組みをそのまま受け入れ、引き続き、『論考』における議論の帰趨を見届けていくことにしよう。[1]

（1）要素命題は相互に独立であるという主張をウィトゲンシュタインが撤回していく過程は、野村（二〇〇六）の236頁以下において詳しく跡づけられている。
　また、そもそも、この主張を撤回することが『論考』の理論体系それ自体にとってどこまで致命的になりうるのか、という点については様々な見方が存在する。たとえば野矢は、実はそれほど致命的ではないと主張している。詳しくは、野矢（二〇〇六）の第7章を参照してほしい。

§21　真理表としての命題——四・三〜四・四四二節

【抜粋】

四・三　要素命題の真理可能性は、事態の成立・不成立の可能性を意味する。

四・三一　真理可能性は、次のような図表で表すことができる。（各要素命題の行の下に並ぶ「真」「偽」は、それらの真理可能性を見通しやすいかたちで表している。）

p
真
偽

q	p
真	真
真	偽
偽	真
偽	偽

p	q	r
真	真	真
偽	真	真
真	偽	真
真	真	偽
偽	偽	真
偽	真	偽
真	偽	偽
偽	偽	偽

四・四　命題とは、諸々の要素命題の真理可能性との一致・不一致の表現である。

四・四一　諸々の要素命題の真理可能性が、命題の真偽の条件となる。

四・四一一　要素命題の導入が、他のすべての種類の命題を理解するための基礎になる。このことは、はじめからはっきりしていたことである。実際、一般的な命題の理解が要素命題の理解に依存していることは、目に見えている。

……

四・四三　真理可能性との一致は、先の図表の真理可能性のところに「真」という印を添えることによって表現できる。……

四・四三一　要素命題の真理可能性との一致・不一致を表現することが、命題の真理条件を表現することになる。

命題とは、その真理条件の組の表現である。……

四・四四　真理可能性に「真」という印を添えることでつくられる記号、それが命題記号である。

……

四・四四二　たとえば、次の図表は命題記号である。

p	q	
真	真	真
偽	真	真
真	偽	
偽	偽	真

……図表における真理可能性の各行の並び方を、組み合わせ規則に従ってあらかじめすべて確定しておけば、真理条件の一組を表現するには右端の縦列だけで十分である。この縦列を書き出すと、先の命題記号は次のようになる。

(真真－真)(p, q)

……

……

【解説】

ある種の図表それ自体として命題を表現する

この四・三節以下では、要素命題と他の命題との関係について、これまでよりも遙かに明確な説明が与えられている。

ウィトゲンシュタインの言う「真理可能性」とは、命題が真になったり偽になったりする可能性のことを指す。したがって、一つの要素命題の真理可能性は、真と偽の二種類となる。

これが、たとえばpとqという二つの要素命題が絡み合った場合の真理可能性となると、pとqの両方が真である場合、pのみ真である場合、逆にqのみ真である場合、そしてpとqの両方が偽である場合という、計四種類の可能性があることになる。また、たとえばpとqとrの三つの要素命題に関する真理可能性となると、それぞれの真偽の組み合わせの数はもっと増えて計八種類となるし、四つの要素命題に関する真理可能性であればさらに組み合わせ方は増加していく。以上のことを見通しやすく表したのが、四・三一節でウィトゲンシュタインが記している一連の図表である。

さて、この図表を用いると、複数の要素命題が結合することで構成されるあらゆる命題の真偽が、各要素命題の真理可能性に依存していることが文字通り一目瞭然となる。ここでは、pとqという二つの要素命題からなる複合命題をめぐって考えてみよう。まず、これらの要素命題の真理可能性は次のような図表として表すことができる。

p	q
真	真
偽	真
真	偽
偽	偽

そして、たとえば連言命題「pかつq」〔p . q〕が真になる条件——すなわち、真理条件——は、この表の各行の右端の適当な箇所に「真」という印を添えることによって表現できる。つまり、こういうことである。

p	q	
真	真	真
偽	真	
真	偽	
偽	偽	

「ｐかつｑ」という命題は、ｐとｑの両方が真であるときにのみ真となる命題である。具体例で言えば、「太郎は肉まんを食べた、かつ、太郎はあんまんを食べた」という命題は、太郎が肉まんとあんまんの両方を食べていたときのみ真となる、ということだ。それゆえ、先の図表のうち、ｐとｑの両方が真である行の右端にのみ「真」という印が添えられたものが、まさに「ｐかつｑ」という命題の真理条件を表現する、ということになる。

　では、選言命題「ｐまたはｑ」〔$p \lor q$〕という命題の真理条件についてはどうか。これは、次のような図表として表現することができる。

p	q	
真	真	真
偽	真	真
真	偽	真
偽	偽	

つまり、「pまたはq」という命題は、少なくともpとqのどちらかが真であれば真となるのだから、pとqの両方が偽となる一番下の行以外の右端に「真」という印が添えられた図表が、「pまたはq」という命題の真理条件を表現することになるのである。[1]

最後に、条件命題「pならばq」〔p⊃q〕についても見てみよう。この種の命題の場合、「ならば」という論理定項で結びついている前件のpが偽である場合には、後件のqが真であろうと偽であろうと、「pならばq」という命題全体は真と見なすことができる。（少し屁理屈めいてくるが、たとえば、「明日雨が降ったならば、学校を休む」という条件命題は、明日晴れた場合には学校を休まないということを論理的には含意しないし、また、休むということも含意しない。言い換えれば、両方の可能性をこの条件命題は許容するのである。）

したがって、条件命題「pならばq」〔p⊃q〕の真理条件は、次のような図表として表される。[2]

p	q	
真	真	真
偽	真	真
真	偽	
偽	偽	真

いずれにせよ、以上のような図表のかたちで命題を表していけば、あらゆる命題の真理条件が、各命題を構成する要素命題の真理可能性から導かれることが目に見えて分かる（四・四一節）。言い換えれば、あらゆる命題の真偽が、それを構成する要素命題の真偽に依存しているということを、この図表を通して我々は自分の目で明確に見て取ることができるのである。

命題の意味のより正確な定義

ところで、この種の図表は一般に「真理表（あるいは、真理値表）」とも呼ばれ、『論考』が世に出て以降、たとえば記号論理学の基本を初学者が理解するための代表的な表記法として、その地位を確固たるものにしている。

ウィトゲンシュタインの独創性は、こうした真理表それ自体を命題記号として捉える点である（四・四四二節）[3]。これはどういうことだろうか。

彼によれば、まずもって「命題とは、その真理条件の組の表現である」（四・四三一節）。たとえば、「pまたはq」という命題の意味は、それを構成するpとqという要素命題の意味に完全に依存している。それゆえ、pとqの真偽の組み合わせがどうなるときにこの命題が真になるかということが、この命題の意味を規定することになる。具体的には、pとqの両方が真であるとき、pのみが真であるとき、そして、qのみが真であるときという、三種類の状況が、命題「pまたはq」の真理条件となる。それゆえ、この真理条件の組（この命題が真となる三種類の可能性）を表現することが、この命題を表現することになるのである。

ここで我々は、命題の意味というものについて、以前に§6（75-76頁）で暫定的に立てた定義――「命題の意味とは、それが描き出す事態のことである」という類いのもの――よりも正確な定義を手にすることができる。すなわち、命題の意味とはその真理条件のことである、という定義である。

§16でも確認したとおり、ウィトゲンシュタインによれば、「命題を理解するとは、それが真であるならば事実はどのようであるかを知ること」（四・〇二四節）である。ただし、たとえば「pまたはq」という命題に関して言うなら、これが真であるならばpとqの両方が真である、ということだけ知っていても、この命題を理解していることにはならない。

というのも、繰り返すように、この命題が真であるというのは、pのみが真である可能性や、qのみが真である可能性も含むからである。つまり、「pまたはq」という命題を理解している、とは、この命題が真であるならば上記の三種類の状況のいずれかが成り立つということを知っている、ということにほかならない。

こうした多重的で複雑な構造は、「命題の意味とは、それが描き出す事態のことである」という定義の仕方では判然としない。たとえば、「新幹線が東京駅に停車している」という命題は新幹線が東京駅に停車しているという事態を描き出している、と言われるとき、この言い方ではあたかも、この命題の真理条件が単一であるかのような印象を与えかねない。すなわち、新幹線が東京駅に停車しているという条件である。しかし、特に要素命題までの完全な分析が済んだ〈究極の言語〉という観点からすれば、新幹線が東京駅に停車しているというのは、実際には途方もなく複雑な無数の可能性を——つまり、無数の真理条件からなる組を——表すはずである。その意味で、「命題の意味とはその真理条件のことである」の方がより正確な定義の仕方だと言えるのである。(4)

真理表の視認性の高さ

ともあれ、ここで重要なのは、たとえばいま挙げた「pまたはq」という命題の真理条件はそのままでは見えにくい、ということである。すなわち、この日本語の記号や、あるいは「p∨q」という論理学の記号が、それを構成するpとqという記号それぞれの真偽にどのように依存しているかは、そのままではなかなか見えてこないのである。他方、その構造は、真理表として表された命題においては、文字通り一目瞭然で「目に見えている」(四・四一一節)。その点で、真理表という命題記号は他の記号よりも優れている。これが、『論考』でウィトゲンシュタインが真理表を導入する理由である。

真理表のさらなる簡略化

このように、真理表は、命題の真理条件の視認性という点で優れている。ただ、命題をこの種の図表という記号で表記する方法には難点もある。それは、真理表は場所をとり、書くのにも時間がかかる、ということである。それゆえ、四・四四二節のなかでウィトゲンシュタインはもっと簡略化された表記法も案出している。

要素命題の真偽の組み合わせの順序は、要素命題の数がどれほど増えようとも、一定の規則によってあらかじめ確定しておくことができる。そうすると、いちいち要素命題の真理可能性をすべて書き出さなくとも、図表の右端の縦列のみ記せば十分だと言える。つまり、たとえば「p⊃q」や「pならばq」という命題記号は、繰り返すように、

p	q	
真	真	真
偽	真	真
真	偽	
偽	偽	真

という命題記号に変換することもできるが、さらに簡略化して、

(真真－真)(p, q)

という記号列に変換することもできる。この表記法はつまり、pとqという要素命題の四種類の真理可能性を一定の規則に従って並べた場合、その三行目以外のすべての行に「真」という印が添えられる、ということを表しているのである。

(1)　ただし、日常の文脈では、「pまたはq」という命題はpとqの両方が真である場合は偽と見なされるケースの方がむしろ多いと思われる。たとえば、「彼は肉まんを食べた、または、彼はあんまんを食べた」というのは、通常、彼が肉まんとあんまんの両方を食べたことは含意しないだろう。このように理解される選言命題「pまたはq」は、一般に排他的(排反的)選言と呼ばれ、本文で扱っている両立的選言——pとqの両方が真である場合も真となる選言命題——とは区別される。

（2）なお、たとえば選言命題「pではない、または、q」（~p∨q）を同様の図表のかたちで表そうとすると、この「pならばq」（p⊃q）の図表と全く同じものとなる。これによって、見掛け上は異なる意味をもつように思われる命題――いまの例では、「p⊃q」と「~p∨q」――の真理条件が同じであることが一目瞭然となるのである。

（3）ときに、真理表の発明自体がウィトゲンシュタインの功績だと見なされることもあるが、彼自身がこのことをはっきりと否定している。彼の理解では真理表はフレーゲの発明であり、彼はこの図表に対してフレーゲとは異なる位置づけを与えたのである。この点に関しては、『ウィトゲンシュタインの講義　数学の基礎篇』（大谷弘・古田徹也訳、講談社学術文庫、二〇一五年）における、彼自身による証言と説明（332-333頁）を参照してほしい。

（4）ただし、実は、「命題の意味とはその真理条件のことである」と言い切ってしまうのも正確とは言えない。なぜなら、この定義を矛盾（本文§22で後述）に当てはめると、矛盾が最も意味豊かな命題（最も多くを語る命題）となってしまうからである。しかし、ウィトゲンシュタインは矛盾を〈意味を欠く命題〉として捉えているため、この定義をそのまま採用しているとは考えられない。それゆえ、たとえば野矢は、『論考』において「命題の意味」が意味することを、「論理空間を真理領域〔ある命題に対してそれを真にする状況をすべて集めた領域〕と虚偽領域に分割する仕方」（野矢二〇〇六、127頁）として解釈することを提案している。『論考』における命題の意味（Sinn）とは本当に正確にはどのようなものだと言えるか、という問題は、論理学上の複雑な理論構成や、可能的な事実をめぐる込み入った形而上学的考察を呼び込むため、本書ではこれ以上深入りすることはできない。たとえば、野矢（二〇〇六）第5章、野村（二〇〇六）第二章、吉田（二〇〇九）第2章の特に2・4までにおいてそれぞれ提示されている解釈を、参照・比較してほしい。

§22 トートロジーと矛盾――四・四六～四・四六六一節

【抜粋】

四・四六　真理条件の組として可能なもののなかに、ふたつの極端な場合がある。

ひとつめは、要素命題のすべての真理可能性に対して、ある命題が真になる場合。我々はその場合、この真理条件の組はトートロジカルだ、と言う。

ふたつめは、要素命題のすべての真理可能性に対して、ある命題が偽になる場合。その真理条件の組は矛盾的である。

第一の場合、その命題はトートロジーと呼ばれ、第二の場合には矛盾と呼ばれる。

四・四六一　……トートロジーは無条件に真であり、それゆえ真理条件をもたない。そして、矛盾はいかなる条件下でも真ではない。

トートロジーと矛盾は意味を欠く。

……（たとえば、いまは雨が降っているか、あるいは降っていないかだということを私が知っているとしても、それによって私が天気について何ごとかを知っていることにはならない。）

四・四六一一　ただし、トートロジーと矛盾は無意味なのではない。それらは、「0」が算術の記号体系に属するのと同様に、記号体系に属している。

四・四六二　トートロジーと矛盾は、現実の像ではない。それは可能な状況を描き出さない。なぜなら、トートロジーは可能な状況をすべて許容し、矛盾はひとつも許容しないからである。……

……

四・四六四　トートロジーが真であることは確実、〔一般の〕命題が真であることは可能、矛盾が真であることは不可能である。……

……

四・四六六　……いかなる状況に対しても真となる命題は、およそ記号の結合ではありえない。なぜなら、記号の〔論理的な〕結合であれば、それには対象の特定の結合だけが対応しなければならないからである。

（逆に、論理的に結合されたいかなる記号にも対応しない対象の結合なるものも、やはり存在しない。）

トートロジーと矛盾は、記号結合の限界事例である。すなわち、記号結合の解体地点である。

四・四六六一　もちろん、トートロジーと矛盾においても記号は互いに結合している。すなわち、記号が互いに関係し合っている。しかし、この関係は対応するものを欠いており、シンボルとしては非本質的なものなのである。

【解説】

ア・プリオリに真や偽であるような命題？

無時間的な「論理空間」という次元で眺めるならば、すべての要素命題がすでに特定されているがゆえに、あらゆる命題の意味はあらかじめ確定している。しかし、その真偽は確定していない。個々の命題が真であるかどうか——すなわち、世界がどのようなあり方をしているか——は、ア・ポステリオリな事柄だからである。

しかし、我々の経験のいかんにかかわらず、いわばア・プリオリに真であることが確定している命題が存在するように思われる。たとえば、「いまは雨が降っている、または、降っていない」といった命題——論理学の記号で表すならば、「p∨~p」——である。この種の命題は、一般に「トートロジー（恒真命題）」と言われる。

また、同様に、ア・プリオリに偽であるような命題も存在するように思われる。すなわち、「矛盾」と呼ばれる命題である。たとえば、「いまは雨が降っている、かつ、降っていない」といった命題――論理学の記号で表すならば、「p．~p」――は、我々の経験がどのようなものであろうと、それとは無関係に偽であることがあらかじめ確定しているように思われる。

こうした「トートロジー」や「矛盾」という命題を、『論考』ではどう扱うのだろうか。四・四六節以下の各節はこの点を明らかにしている。(1)

真理表による、トートロジーと矛盾の特徴づけ

まずウィトゲンシュタインは、自身が先に導入した真理表を用いて、トートロジーや矛盾とは何かを明確に特徴づけている。

彼によれば、トートロジーとは、要素命題のすべての真理可能性に対して真となるような真理条件の組として表現される命題のことである。たとえば「p∨~p」は、次のような真理表に変換することができる。

つまり、真理表の右端の縦列がすべて「真」という印で埋まる命題が、トートロジーだということである。

p	p∨~p
真	真
偽	真

もう少しだけ複雑な命題を例に、以上の点を確認しておこう。たとえば「pかつq、ならばp」——あるいは「(p．q)⊃p」——は、「ならば」という論理定項で結びついている前件の「pかつq」が偽である場合には後件が何であれ命題全体が真となるから、その真理条件の組は次のような真理表として表現できる。

p	q	p．q	（p．q）⊃p
真	真	真	真
偽	真		真
真	偽		真
偽	偽		真

このように、真理表の右端の縦列がすべて「真」という印で埋まることから、「pかつq、ならばp」という命題はトートロジーであることがはっきりするのである。

そして、矛盾の場合には、事情は完全に逆となる。つまり、真理表の右端の縦列に「真」という印が全く付かない命題が、矛盾という命題であることになるのだ。

トートロジーと矛盾は何ごとも語らない

真理表というかたちで表現すれば、以下のことが一目瞭然となる。すなわち、トートロジーとは、それを構成する各要素命題が真であろうと偽であろうと、無条件に（ア・プリオリに）真である命題だ、ということである。また、同様に、矛盾が無条件に偽であることも、真理表を用いれば一目瞭然となる。

そして、このことから、「トートロジーと矛盾は、現実の像ではない」（四・四六二節）ことが分かる。なぜなら、トートロジーは可能な状況をすべて許容し、逆に、矛盾はひとつも許容しないため、可能な状況を実質的に何も描き出さないからである（同節）。

この点を、もう少し細かく見てみたい。トートロジーは可能な状況をすべて許容してしまう、とはどういうことだろうか。「p ∨ ~p」というシンプルなトートロジーで考えてみよう。先に本書§18で見たように（171頁）、「p」という命題は、論理空間のなかのある特定の論理的場を指定する。つまり、こういうことだ。

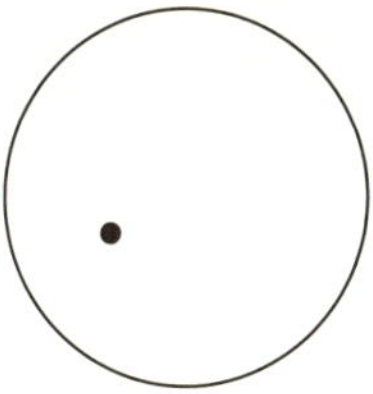

論理空間内で命題 p
が指定する論理的場

他方、「p」を否定する命題、すなわち「~p」は、pが指定する論理的場以外のすべての論理的場を指定する。

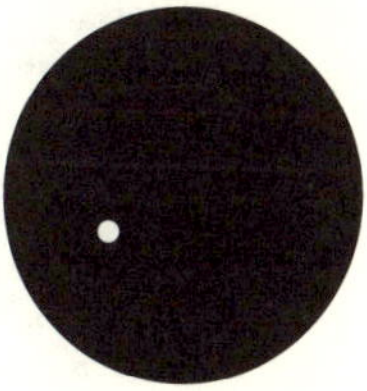

論理空間内で否定命題 ~p
が指定する論理的場

そして、「p∨~p」は、「p」と「~p」のどちらの論理的場も指定する命題なのだから、図で表すと次のようになる。

論理空間内でp∨~p
が指定する論理的場

つまり、「p∨~p」は論理空間内のすべての論理的場を指定してしまう。それは言い換えれば、実質的にいかなる特定の場も指定できないということである。

他方で、「p.~p」という矛盾命題は、論理空間内のいかなる論理的場も指定しない。それゆえ当然、いかなる特定の場も指定できない。一応、同様に図で表しておこう。こういうことだ。

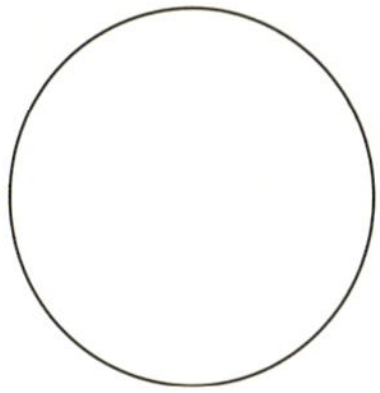

論理空間内で p . ~p が指定する論理的場

そして、事情は他のトートロジーと矛盾すべてについても同じである。トートロジーは、論理空間内のすべての論理的場を指定してしまう。すなわち、それを構成する要素命題の真理可能性がどんなものであろうと、可能な状況をすべて許容してしまう。逆に、矛盾は、論理空間内のいかなる論理的場も指定しない。すなわち、可能な状況をひとつも許容しない。それゆえ、両命題は特定の事態を描き出す像——特定の論理的場を指定する像——たりえないのである。

記号結合の限界事例（解体地点）としての、トートロジーと矛盾

トートロジーと矛盾は対応する事態を欠いており、現実の像ではありえない。「ただし、トートロジーと矛盾は無意味なのではない」（四・四六一一節）、そうウィトゲンシュタインは強調している。すなわち、両命題は、「マグネットの次は織田信長だ」、「の次マグ

ネットはである織田信長」、「あぷぷぺぽぽ」のような無意味な文字列と同類の命題もどきなのではない、ということである。というのも、トートロジーが真であり、矛盾が偽であることを、我々は「pまたはpではない」や「pかつpではない」といった記号結合から確かに見て取ることができるからであり、その点で、トートロジーや矛盾は無意味とは言えないからである。

この点をもって、ウィトゲンシュタインは、「トートロジーと矛盾は意味を欠く」（四・四六一節）と述べている。つまり、無意味な命題もどきではないが、しかし現実の像ではありえないという、これら特殊な命題を、彼は「無意味」ではなく、「意味を欠く」という微妙に異なる用語で特徴づけるのである[2]。

彼によれば、トートロジーと矛盾は「記号結合の限界事例」（四・四六六節）、あるいは、「記号結合の解体地点」（同節）である。繰り返すように、我々はこれら両命題を構成する記号結合から、真や偽という値を読み取ることができる。その点で、両命題は記号体系に属しているとは言える。すなわち、論理的構文論に従った記号の使用例だと言える。しかし、これらの記号結合は対応する事態を欠いており、その点ではそもそも記号結合とは言えない。「いかなる状況に対しても真となる命題〔および、偽となる命題〕は、およそ記号の結合ではありえない」（同節）ということである。それゆえ両命題は、論理的に結合した記号と言えるか言えないかという、まさにその際《きわ》に位置するもの——記号結合の解体地点ないし限界事例――と呼びうるのである。

このように、トートロジーと矛盾は、世界の具体的なあり方を語ることには全く役に立たない命題――より正確には、命題と命題もどきの際に位置する記号列――だが、別の仕方である役割を果たすことができる。それは、いくつかの要素命題の結合によって何ごとも語らない真なる命題（あるいは、偽なる命題）ができるという、まさにその事実を通じて、言語に備わっている形式的（論理的）性質を示す、という役割である。

そしてウィトゲンシュタインによれば、論理学という学問の営みの本質は、まさにこの点にある。すなわち、様々なトートロジーや矛盾を作成する作業、または、ある命題がトートロジーや矛盾であることを証明する作業を通じて、言語の形式的（論理的）性質を示すことにある。ただ、この点については、かなり後の六・一節以降になってようやく言及されるので、詳細についてはその箇所を扱う§30（278頁以下）であらためて取り上げることにしよう。

（1）　なお、トートロジーや矛盾のほかにも、ア・プリオリに真である命題が存在するように思われる。それはすなわち、2+3=5といった数学の命題である。しかしウィトゲンシュタインは、数学の命題は実のところは命題もどき（疑似命題）であると主張している（六・二節）。

彼によれば、「数学とは、論理学的方法の一種」（六・二節）であり、「論理学の命題がトートロジーにおいて示す世界の論理を、数学は等式において示す」（六・二二節）。しかし、数詞は集合（あるいは集合の集合）という対象を指示する名ではなく、操作（本書§25参照）の反復適用それ自体のことであり（六・〇二一節）、また、等号の右辺と左辺が等しいことを示すのに、等号は本来必要ない（六・二三二節）。それゆえ、数学の命題は真正の命題ではない、ということになる。

ウィトゲンシュタインは生涯にわたり、数学という学問の営みや、そこで用いられる概念（数、無限、証明、等々）に対して、論理学と同様に深い関心を寄せ続けた。『論考』においても、数や数学にまつわる考察は一定の分量を占めている。しかし、本文でも述べたように（5頁）、本書ではそれらを主題的に扱う余裕はない。野矢（二〇〇六）の、特に273-281頁の解説などを参照してほしい。

（2）

本書で「意味を欠く」と訳している用語は、原語では「sinnloss」であり、また、「無意味」と訳している用語は、原語では「unsinnig」である。これらは『論考』の各種の訳書や解説書において様々に異なる仕方で訳されている（その具体例は巻末付近350頁の「用語の対照表」を参照してほしい）。たとえば、岩波文庫版の訳書では、逆に「sinnloss」が「無意味」と訳され、「unsinnig」には「ナンセンス」という訳語が充てられている。

なお、本書で「unsinnig」を「無意味」と訳しているのは、たとえば「スターリンは男だ」といった有意味な命題と、「スターリンは素数だ」といった命題もどき（unsinnig な命題）との対比を明快にするために、両者の区別を「有意味」と「無意味」という一対の日本語で表したかったからである。

§23　命題の一般形式①——四・五〜四・五二節

【抜粋】

四・五　いまや、最も一般的な命題形式を提示することができるだろう。……命題の一般形式は、「事実はしかじかである」である。

四・五一　仮に、私にすべての要素命題が与えられたとしてみよ。そのとき、残された問題は単純に、これらの要素命題から私はどのような命題を構成しうるのか、ということでしかない。そして、このようにして得られるのが命題のすべてである。命題はこのようにして限界づけられている。

四・五二　命題はすべて、要素命題の総体から（そしてもちろん、それが要素命題のすべてであるという、そのことも含めて、そこから）導かれる。（それゆえ、ある意味では次のようにも言えるだろう。あらゆる命題は要素命題の一般化である、と。）

……

【解説】

「事実はしかじかである」というのが、命題の一般形式である

トートロジーや矛盾という、命題と命題もどきの際《きわ》にあるものまで見極めたところで、『論考』は、命題の一般形式を提示するところまで到達した。すなわち、およそ命題と呼びうるものすべてに共通する本質を、いまや明らかにすることができる。

いや、というよりも、命題を現実の像として定義した時点で、命題の一般形式とは何かという答えはすでに出ていたと言ってよいだろう。命題は、何らかの事態を描き出し、かつ、その事態を肯定するものである。たとえば、「机の上に本がある」という命題は、机の上に本があるという事態を描き出し、かつ、この事態が成立していると──つまり、事実だと──主張するものである。したがって、命題の一般形式は、「事実はしかじかである」というものになる。トートロジーと矛盾を除けば、命題であれば何でも、「事実はしかじかである」と語るものだと言えるのである（四・五節）。

そして、続く四・五一節と四・五二節で語られていることも、すでに確認済みの論点である。あらゆる命題は要素命題から構成される複合命題であるのだから、すべての要素命

題が与えられたならば、それらの組み合わせ方である命題もすべて与えられることになる。つまり、「事実はしかじかである」として語りうることは、このようにして限界づけられるのである。

§24　推論的関係と因果的関係——五〜五・一四節

【抜粋】

五　命題は、要素命題の真理関数である。

（要素命題は、自分自身の真理関数である。）

五・〇一　要素命題は、命題に入力される真偽項である。

……

五・一二二　pがqから帰結するならば、「p」の意味は「q」の意味に含まれている。

……

五・一二四　命題は、その命題から帰結するすべての命題を肯定する。

五・一二四一　……ふたつの命題の双方を肯定する有意味な命題が存在しない場合、両命題は相互対立の関係にある。

ある命題と両立不可能な命題はすべて、その命題を否定する。

五・一三　ある命題が真であることが、他のいくつかの命題が真であることから帰結するということを、我々は命題の構造から見て取る。

五・一三一　ある命題が真であることが、他のいくつかの命題が真であることから帰結するということは、それら諸命題の形式相互の関係によって表される。すなわち、その関係を規定するのに、それら諸命題の相互関係をあらためてひとつの命題で表す必要はない。……

……

五・一三三　すべての導出はア・プリオリに行われる。

五・一三四　ある要素命題から他の要素命題が導出されることはない。

五・一三五　ある状況が成立していることから、それとは全く異なる状況の成立を推論することは、いかなる仕方でも不可能である。

五・一三六　そのような推論を正当化する因果連鎖は存在しない。

五・一三六一　現在の出来事から未来の出来事を推論することは不可能である。

因果連鎖を信じることは、迷信にとらわれることである。

五・一三六二　意志の自由は、未来の行為をいま知ることができない、という点にある。因果性が、論理的な推論の必然性のような内的必然性である場合にのみ、我々は未来の行為をいま知りうることになる。……

……

五・一四　ある命題が他の命題から帰結する場合、後者は前者よりも多くのことを語り、前者は後者よりも少ないことを語っている。

……

【解説】

要素命題の真理関数としての命題

ここから、『論考』は五番台の節に入る。

あらゆる命題の真偽が、それを構成する要素命題の真偽に依存しているということは、真理表の導入を通してすでに確認した（§21：196頁）。このポイントは、「命題は、要素命題の真理関数である」（五節）という言い方でも表現することができる。

本書§11でも触れたように（115頁）、一般に関数とは、あるものの変化に伴って別のものも変化する場合の、前者に対する後者の呼称である。それゆえ、要素命題によって構成される複合命題も、一種の関数として捉えることが可能だ。なぜなら、たとえば「pならばq」という命題の意味は、pとqという要素命題の意味に依存しているが、それだけでなく、この命題の真偽も、pとqがそれぞれ真と偽のどちらの値をとるかに応じて決まるからである。それゆえ、すべての命題は、要素命題の真偽によって自身の真偽も決まるという意味で、真偽という値にまつわる一種の関数——真理関数——と呼びうるし、また、「要素命題は、命題（＝真理関数）に入力される真偽項」（五・〇一節）として特徴づけることができるのである。[1]（ちなみに、個々の要素命題は、当然のことながら、それが真であるときに自動的に真になるのだから、自分自身の真理関数だとも言える〔五節〕。）

ある命題から他の命題が「帰結する」とか「導出される」とはどういうことか

次の五・一二一節以下も、しばらくは既出の論点の繰り返しとなる。「pがqから帰結するならば、「p」の意味は「q」の意味に含まれている」（五・一二二節）。たとえば、「太郎は結婚している」という命題が「太郎と花子は結婚している」という命題から必然的（論理的）に帰結するならば、前者の命題「太郎は結婚している」の意味は、後者の命題「太郎と花子は結婚している」の意味に含まれている。換言するなら、「ある命題が他の命題から帰結する場合、後者は前者よりも多くのことを語り、前者は後者よりも少ないことを語っている」（五・一四節）のである。

以上の点は、次のようにも表現できる。すなわち、たとえば命題「太郎と花子は結婚している」は、この命題から帰結する「太郎は結婚している」や「花子は結婚している」等の命題をみな肯定するのだ、と。すなわち、「命題は、その命題から帰結するすべての命題を肯定する」（五・一二四節）のである。

また、他方で、命題は、その命題と両立不可能なすべての命題を否定する。たとえば、「太郎と花子は結婚している」という命題は、「太郎は独身である」という命題と両立しない。言い換えれば、前者と後者の命題の双方を肯定する有意味な命題は存在しない。このとき、両命題は相互対立の関係にあり、互いの命題を否定している。より一般的なかたちで言えば、「ある命題と両立不可能な命題はすべて、その命題を否定する」（五・一二四一節）のである。

ある命題から他の命題が帰結するにせよ、あるいはその命題の否定が帰結するにせよ、ここで肝心なのは、そうした必然的（論理的）な導出の関係を、「我々は命題の構造から見て取る」（五・一三節）ということである。たとえば我々は、「太郎は結婚している、かつ、花子は結婚している、かつ、太郎が結婚している相手は花子である」という複合命題の構造から、「太郎は結婚している」や「花子は結婚している」等の命題が帰結することを直接見て取る。それゆえ、「それら諸命題の相互関係をあらためてひとつの命題で表す必要はない」（五・一三一節）。

要するに、（必然的・論理的な）帰結とか導出と呼びうるものとは以下のことを指す。すなわち、いかなる経験的な要素も介在せずに――世界が具体的にどのようなあり方をしているかとは無関係に――、特定の事態を描き出す諸命題の構造のみを見て取ることによって、ある事態の成立から他の事態の成立・不成立が言える、ということである。その意味で、「すべての導出はア・プリオリに行われる」(五・一三三節)のである。

因果連鎖は必然的な関係ではない

ある命題が他の命題から導出される場合、後者は前者よりも多くのことを語り、前者は後者よりも少ないことを語っている。命題およびそれが描き出す事態の間に成立するこの種の関係は、一般に推論的関係とも呼ばれる。

そして、この推論的関係と、我々が「因果連鎖」とか「因果連関」などと呼ぶ関係は、根本的に異なっている。たとえば、我々はときに、「すべてのカラスは黒い」という命題を、「これまでに見てきたカラスはみな黒い」という命題から(推論ではなく)いわば推理によって取り出す。これは、自分がこれまで見てきた限られた数のカラスがみな黒かったという経験から、これから自分が見る可能性のあるすべてのカラスも黒いという主張を行っているのだから、「すべてのカラスは黒い」という前者の命題の方が、「これまでに見てきたカラスはみな黒い」という後者の命題よりも多くのことを語っていると言える。

そして、このような関係の場合、前者の命題が後者の命題から必然的に(論理的に)帰結するとは言えない。実際、カラスには黒くない個体や種類も存在する(アルビノのカラスなど)。このような関係は、推論的関係とは区別して、因果的関係と呼びうるものである。

我々は、現在の出来事から未来の出来事を推理することはできる。しかし、「現在の出来事から未来の出来事を推論することは不可能である」（五・一三六一節）。仮に、これまで存在したカラスがすべて黒かったとしても、これから生まれてくるカラスがすべて黒いということが必然的に帰結することはない。明日も太陽が昇るということすら、今日まで太陽がずっと昇ってきたという経験の蓄積から必然的には帰結しない（41頁）。その意味で、因果連鎖を何らかの必然的な関係だと信じるとすれば、それは言うなれば「迷信にとらわれること」（同節）に等しいと、ウィトゲンシュタインは強調するわけである。

そして、彼によれば、我々の自由意志というものが存在する可能性も、この点に求められる。もしも因果連鎖が必然的な関係なのだとしたら、「我々は未来の行為をいま知りうることになる」（五・一三六二節）。すなわち、自分がこれから何をするか、何が起こるのか、それらはすべてあらかじめ決定されていることになる。逆に言えば、因果連鎖が必然的な関係ではないからこそ、自分がこれから何をするかは自分の意志で自由に決められる、と言いうる余地があるのだ。（なお、必然的でありうるのは論理的必然性のみであり、その意味で因果連鎖は偶然的な関係である、というこのポイントは、後の六・三節において、より主題的なかたちで取り上げられる。詳しくは本書§31を見てほしい。）

要素命題同士の非推論的関係、要素命題とその複合命題の推論的関係

　ところで、現在の出来事から未来の出来事を推論することが不可能であるというのは、言い方を換えれば、現在の出来事と未来の出来事が相互に独立した関係にある、ということだ。つまり、一方から他方が必然的に帰結する関係にはない、ということである。だとすれば、同様に相互に独立した関係にある要素命題同士も、推論的関係には立ちえないと言える。すなわち、「ある要素命題から他の要素命題が導出されることはない」（五・一三四節）のである。また、他方で、あらゆる命題は要素命題の真理関数であるのだから、命題とそれを構成する要素命題との間には推論的関係が成り立っていることになる。

　このこと自体は、これまで確認してきた論点の繰り返しにすぎない。とはいえ、あらゆる命題の意味と真偽が要素命題の意味と真偽に依存しているということの内実が、「導出」や「推論」という用語によって、また、因果的関係というものとの対比によって、今回の一連の節ではより明確に取り出されていると言えるだろう。

（1）ただし、ウィトゲンシュタインが「真理関数」と呼ぶものは、たとえばフレーゲが「真理関数」と呼ぶものとは異なっている。その詳細については、野矢（二〇〇六）177-179頁のほか、本書118頁の註（2）も参照してほしい。

§25 操作、その基底と結果――五・二～五・四一節

【抜粋】

五・二 諸命題の構造は、互いに内的な関係にある。

五・二一 その内的関係を我々の表現方法において浮き彫りにするには、命題を操作の結果として表せばよい。すなわち、（操作の基底である）他の諸命題から当該の命題を構成する操作を行った結果として表せばよい。

五・二二 操作は、その結果と基底それぞれの構造間の関係を表現している。

五・二三 操作とは、ある命題から他の命題を構成するために、前者の命題に対して行われなければならないものである。

……

五・二三三 はじめて操作が登場しうるのは、ある命題が他の命題から論理的に有意味な仕方で構成されるところ、すなわち、命題の論理的な構成が始まるとこ

ろである。

五・二三四　要素命題の真理関数は、諸要素命題を基底とする操作の結果である。（私はこの操作を、真理操作と呼ぶ。）

五・二三四一　……否定や、論理和（＝選言）、論理積（＝連言）などは操作である。（否定は命題の意味を反転させる。）

……

五・二五　……操作は何ごとも語らない。操作の結果だけが何ごとかを語るのであり、そして、結果は操作の基底に依存している。……

……

五・二五二一　ある操作の結果にその操作を続けて行うことを、操作の反復適用と私は呼ぶ。……

……

五・二五二三　操作の反復適用という概念は、「以下同様」という概念に等しい。

五・二五三　操作は他の操作の効力を打ち消すことができる。操作は相殺しうる。

五・二五四　操作は消去されうる。（たとえば、「～～p」における否定。～～p＝p）

五・三　すべての命題は、要素命題に真理操作を行った結果である。

真理操作とは、要素命題から真理関数が構成される方法である。……

……

五・三二　すべての真理関数は、要素命題に対して真理操作を有限回繰り返し適用した結果である。

五・四　（フレーゲやラッセルの言う意味での）「論理的対象」すなわち「論理定項」は存在しないということが、ここにおいて示される。

五・四一　なぜなら、どのような真理操作を真理関数に対して行っても、その結果が要素命題の真理関数として同じものであるならば、それらの結果はみな同一だからである。

……

【解説】

操作の基底と結果としての、要素命題と他のすべての命題

「諸命題の構造は、互いに内的な関係にある」（五・二節）。すなわち、あらゆる命題は要素命題の真理関数として捉えられるから、要素命題と他のすべての命題は、互いに内的（必然的、論理的、推論的、形式的）な関係にあると言える。

この内的関係は、要素命題を一定の仕方で結合させる操作の結果として命題を表現する

という方法によって浮き彫りになる、そうウィトゲンシュタインは指摘している（五・二一節）。言い換えれば、要素命題を操作の基底として、また、それ以外の命題を操作の結果として表現することによって、要素命題とそれ以外の命題の構造間の関係が、最もよく目に見えるかたちで示される、ということである（同節、五・二二節）。

この点を、もう少し丁寧に見ていこう。まず、「操作」とは具体的には、命題が指定する論理的場を反転させる否定「ではない」という操作、複数の命題の論理的場をすべて指定する選言「または」という操作、そして、複数の命題の論理的場の共通する部分のみを指定する連言「かつ」という操作などを指す（五・二三四一節）。これらの操作は、ある命題から他の命題が構成される際に、前者の命題に対して行われるものである（五・二三節）。この操作の系列を遡っていけば、最終的に、要素命題に対して最初の操作が行われる地点にまで至るだろう。つまりそこが、命題の論理的な構成が始まる地点にほかならないのである。

以上のポイントを煎じ詰めれば、「要素命題の真理関数は、諸要素命題を基底とする操作〔＝真理操作〕の結果である」（五・二三四節）という風にまとめることができる。換言するなら、「すべての真理関数は、要素命題に対して真理操作を有限回繰り返し適用した結果」（五・三二節）なのである。(1)

論理定項は何らかの対象を指示する名ではなく、操作それ自体である

このようにウィトゲンシュタインは、要素命題という基底に対する操作の結果として、あらゆる命題の構成を特徴づける。そして、この視座は、さらにふたつの重要な論点と結びついている。

ひとつは、論理定項は何らかの対象を表すものではない、という論点である。これは、『論考』の根本思想と彼が呼ぶものとして、すでに§17で触れた論点だ（162頁以下）。否定や選言、連言等は、一般に「論理定項」と呼ばれる。そして、たとえばフレーゲやラッセルは、論理定項は何らかの論理的対象を指示すると考えた。しかし、ウィトゲンシュタインによればそれは誤りである。そのような意味での論理定項など存在しない（五・四節）。論理定項とは、要素命題という基底に対する操作のことなのであり、そして操作それ自体は原理的に対象化されえないのである。

このことを、彼は五・二五節以下で、否定という論理定項を例にしてより具体的かつ明晰に論じている。§18（171–172頁）でも詳しく見たように、否定は、ある命題が指定する論理的場を反転させる操作である。それゆえ、否定の操作を行った命題をさらに否定すれば、反転した論理的場がさらに反転することになり、結果として元々の命題と同じ論理的場を指定することになる。つまり、二重否定（~~p）は肯定（p）に等しい。この意味で、「操作は他の操作の効力を打ち消すことができる。操作は相殺しうる」（五・二五三節）の

であり、「操作は消去されうる」（五・二五四節）のである。

そして、このことから、論理定項が何らかの対象を指示する名ではないことが明確になる。仮に、論理定項が何らかの対象を指示するとしよう。その場合、「~~p」を構成する二つの論理定項「~」も何らかの対象を指示することになるだから、「~~p」と「p」が等しいということにはなりえないはずだ。言い換えれば、「~」と「~」が打ち消し合い、消え去るということなどありえないはずだ。したがって、論理定項は何らかの対象を表すものではないのである。

あらゆる命題は、要素命題に操作N($\bar{\xi}$)を反復適用させた結果である

操作の基底と結果として、要素命題と他の命題の構造間の内的な関係を捉える視座、それにまつわるもうひとつの重要な論点は、操作は繰り返し適用されるものだ、という論点である。

先に確認したことを繰り返すなら、すべての命題は、要素命題に対して操作を繰り返し適用した結果だと言える。しかし、文字通り「繰り返し」と言ってよいのか、という疑問が出てくるかもしれない。というのも、たとえば「$p \vee q \supset \sim r$」（pまたはq、ならば、rではない）といった命題の場合、要素命題p、q、rには三種類の異なる操作が適用されており、同じ操作が繰り返し適用されているわけではない、と言えそうだからである。

しかし、実は、否定も選言も連言も条件も、それらはすべてある**単一の操作の反復適用**として捉え直すことができる。それは、任意の個数の命題をすべて否定する、という操作である。

この操作の内実については主に後の五・五節以下で明らかにされるが[2]、ここで先取りして取り上げておこう。任意の個数の命題をすべて否定する、という操作を、ウィトゲンシュタインは「$N(\bar{\xi})$」と表記する。$\bar{\xi}$には任意の個数の命題が入り、それをすべて否定する操作が$N(\bar{\xi})$として表される。たとえば、

$$N(p, q)$$

は、命題pとqをともに否定する操作であり、

$$p|q$$〔pではない、かつ、qではない〕

という記号でも表される。(この縦棒「|」[3]は、この記号の両側をともに否定するという操作を表す論理定項である。)したがって、この操作は、

$$\sim p . \sim q$$

という操作と同一である。つまり、

$$N(p, q) = p|q = \sim p . \sim q$$

ということである。

ちなみに、$\bar{\xi}$に一個の命題しか入らない場合には、

$N(\bar{p}) = p \mid p = {\sim}p \cdot {\sim}p$〔pではない、かつ、pではない〕$= {\sim}p$〔pではない〕

ということになる。つまり、否定の操作「$\sim p$」は、「$N(\bar{p})$」ないし「$p \mid p$」という操作として捉え直すことができる、ということである。

さて、以上のように定義される$N(\bar{\xi})$という操作——および、「$\mid$」という論理定項——を用いれば、否定だけではなく、選言も連言も条件も、単一の操作の反復適用として表すことができる。これは純粋にテクニカルな事柄だから、本書ではひとつだけ例を出しておこう。$p \vee q$〔pまたはq〕は、論理定項「$\mid$」のみを用いて、「$(p \mid q) \mid (p \mid q)$」という記号列に変換できる。その証明は以下のとおりである。

$$N(N(\bar{p}, \bar{q})) = (p \mid q) \mid (p \mid q)$$
$$= {\sim}(p \mid q) \cdot {\sim}(p \mid q)$$
$$= {\sim}(p \mid q)$$
$$= p \vee q$$

後は省略するが、同様の仕方で、$p \cdot q$〔pかつq〕は、$N(N(p), N(q)) = (p \mid p) \mid (q \mid q)$という記号列に変換できるし、また、$p \supset q$〔pならばq〕であれば、$N(N(N(p), q)) = (p \mid p) \mid q) \mid ((p \mid p) \mid q)$という記号列に変換できる。

ともあれ、こうして、否定も選言も連言も条件も、すべて単一の操作の反復適用として表すことができるようになる。すると、「$p \vee q \supset {\sim}r$」のように、見掛け上は複数の異なる操作が適用されることで構成されているかに思える命題も、実際のところは、同じ操作が繰り返し適用された結果だと言えるのである。

このことから、我々はいまや、要素命題と他の命題の構造間の内的な関係というものを、極めてシンプルなかたちで理解できることになる。すなわち、あらゆる命題は、要素命題に操作$N(\bar{\xi})$を反復適用させた結果である、と。

（1）この五・三二節においてウィトゲンシュタインが、すべての命題（＝要素命題の真理関数）は要素命題に対して真理操作を有限回繰り返し適用した結果である、と述べていることは、しばしば『論考』の概念記法の体系の欠陥として指摘されるところである。というのも、ある種の量化を扱うためには、操作を無限回適用することがどうしても必要であるように思われるからである。この点に関しては、野矢（二〇〇六）の第9章を参照してほしい。

（2）ただし、この操作はすでに五・一三二一節にも登場している。（本書では同節は省略した。）

（3）この縦棒「|」は「シェファーの棒記号」とも呼ばれる。ちなみに「シェファー」とは、論理学者H・M・シェファーのことであり、単一の論理定項を用いて否定、選言、連言、条件をすべて表すことができることを、一九一三年に証明した。ウィトゲンシュタインはこのシェファーの成果を『論考』に取り入れている。ただし、『論考』における「p | q」は「pではない、かつ、qではない」ということを表

す——これは一般に「両否定」とも呼ばれる——のに対して（五・一三二一節※本文では省略）、シェファー自身の定義による「p｜q」は「pではない、または、qではない」ということを表すので、両者は正確には同一の記号を指していない。

§26 操作の定義――五・五～五・五一節

【抜粋】

五・五　いかなる真理関数も、要素命題に対して以下の操作を反復適用した結果である。

(－－－－－真)(ξ, ……)

この操作は、上の括弧内のすべての命題を否定するものである。私はこの操作を、諸命題の否定と呼ぶ。

……

五・五〇二　……「(－－－－－真)(ξ, ……)」の代わりに「$N(\bar{\xi})$」とこれから書くことにする。

$N(\bar{\xi})$は、命題変項ξのすべての値に対する否定である。

……

五・五一　ξがただひとつの値をもつ場合には、

$N(\bar{\xi})=\sim p$（pではない）

となり、ξがふたつの値をもつ場合には、

$N(\bar{\xi})=\sim p.\sim q$（pではない、かつ、qではない）

となる。

……

【解説】

操作N(ξ̄)の結果を真理表のかたちで表現するとどうなるのか

この§26で括った各節の内容は、直前の§25ですでに先取りしてしまった。それゆえ、このセクションで説明すべき事柄はもはやほとんどない。ただし、操作N(ξ̄)というものをより丁寧な仕方で表している別の表記法が、五・五節および五・五〇二節で紹介されているので、その中身だけ解説しておこう。

ウィトゲンシュタインは操作N(ξ̄)を、

(－－－－－真)(ξ̄,……)

という仕方でも表記している。この表記法は、本書§21（203頁）のなかで見た、簡略化された真理表の応用である。まず、右辺の（ξ̄,……）は任意の個数の命題を表す。そして、左辺の（－－－－－真）は、真理表の右端の縦列のうち、一番下の行のみ――つまり、全命題が偽である場合のみ――真となる、ということを指す。ひとつ、具体例を挙げておこう。pとqとrという命題に対して操作N(p, q, r)を行うというのは、いまの表記法に置き換えると、各命題に対して

（－－－－－－－真）(p, q, r)

となる操作を行うことになる。この簡易的な真理表をさらに十全な真理表に起こすと、

p	q	r	
真	真	真	
偽	真	真	
真	偽	真	
真	真	偽	
偽	偽	真	
偽	真	偽	
真	偽	偽	
偽	偽	偽	真

というかたちで表される。これが、N(p, q, r) ないし p|q|r という操作、すなわち、命題pとqとrをすべて否定するという操作の結果を、真理表というかたちで表現したものにほかならないのである。

§27　世界のあり方と、世界があること
——五・五二四〜五・五五七一節

【抜粋】

五・五二四　対象が与えられているとき、それとともにすべての対象も与えられている。
　要素命題が与えられているとき、それとともにすべての要素命題も与えられている。

……

五・五五　いまや我々は、要素命題のあらゆる可能な形式についての問いに、ア・プリオリに答えなければならない。
　要素命題は名からなる。しかし、異なる指示対象をもつ名がいくつあるかを語ることは我々にはできないから、要素命題の構成を語ることも不可能である。

……

五・五五二　論理を理解するために我々が必要とする「経験」とは、何かがしかじかという仕方であるというものではなく、何かがあるというものだ。しかし、それはまさに経験でも何でもない。

論理はどんな経験にも――すなわち、何かがしかじかという仕方であるという経験にも――先立つ。

論理は、あり方には先立つが、あることには先立たない。

……

五・五五六一　経験的な実在は、対象の総体によって限界づけられている。その限界はまた、要素命題の総体において示される。……

五・五五六二　要素命題が存在しなければならないということが、純粋に論理的な根拠によって知られるのであるならば、そのことは、分析以前のかたちで命題を理解している者すべてに知られるのでなければならない。

五・五五六三　我々の日常言語のすべての命題は、実際、そのあるがままで、論理的に完全に秩序づけられている。……

五・五五七　どんな要素命題が存在するかは、論理の適用によって決まる。

適用のうちにあることを、論理が先取りすることはできない。……

五・五五七一　ア・プリオリに要素命題を挙げることができない以上、それをしようという試みは、明らかに無意味なこととなるに違いない。

【解説】

ア・プリオリに要素命題を挙げることは不可能である

あらゆる命題が、要素命題という基底に対して単一の操作を反復適用させた結果であるということが明確にされたいま、『論考』の読者の関心はやはり、その肝心の要素命題とはどういうものかということに向かうだろう。

この§27で扱う諸節でまず確認されるのは、この問いにア・プリオリに答えることは不可能――したがって、『論考』という書物が答えを与えることも不可能――だということである。

繰り返すように、世界の具体的なあり方を描き出す命題はすべて、要素命題が操作によって結合したものとして理解できる。そして、要素命題を構成する名はそれぞれ、世界のなかの何らかの対象（物）に対応する。それゆえ、「経験的な実在は、対象の総体によって限界づけられている。その限界はまた、要素命題の総体において示される」（五・五五六一節）と言いうる。しかし、その「対象」とは何か、また「要素命題」とは何かを、我々がア・プリオリな仕方で挙げることは決してできない。どんな要素命題が存在するかは、我々が具体的に何ごとかを経験し、それらを論理的に有意味な命題として様々に語り、そして、それらを論理に従って分析していくことによってはじめて取り出される。つまり「どんな要素命題が存在するかは、論理の適用によって決まる」(五・五五七節)。それゆえ、「適用のうちにあることを、論理が先取りすることはできない」(同節)のである。ただ、このポイント自体はもうすでに明らかなことだと言える。

そして、「対象が与えられているとき、それとともにすべての対象も与えられている」(五・五二四節)ということ、および、「要素命題が与えられているとき、それとともにすべての要素命題も与えられている」(同節)ということは、〈究極の言語〉が文字通りの全体論的構造をもつという、本書§14(143頁)で跡づけた論点の繰り返しである。あるひとつの要素命題を特定することは、同時に他のすべての要素命題を特定することにほかならない。言い換えれば、すべての要素命題を挙げることができない限り、あるひとつの要素命題を挙げることも不可能だということだ。そして、すべての要素命題をア・プリオリに挙げることなど原理的に不可能なのである。

そもそも、「名」や「要素命題」という概念、また、それと対となる「対象(物)」や「(最も単純な)事態」という概念は、本書§9で見たように、「語りうる」ということの可能性を極限まで広げるために要請されるものである。これらが何であるかをア・プリオリに挙げることができないということは、名や要素命題によって構成される〈究極の言語〉が最大限高い表現能力をもち、語りうることの一切を明確に語りうるということを保証する、不可欠の条件になっているのである（97-98頁）。

世界があるという、根源的な「経験」

この五・五番台の節で、ウィトゲンシュタインは以上のことを踏まえつつ、しかし同時に、それと関連する新しいポイントに言及し始めている。

我々は日常で様々な経験をしながら、世界の具体的なあり方について様々な仕方で語る。もちろん、それは日常言語の命題であるから、要素命題のような完全に分析された命題ではない。しかし、日常言語も〈究極の言語〉も、等しく論理に従っており、後者の方が論理的により完全な言語である、ということではない。本書§12ですでに先取りして言及したように（132-133頁）、「我々の日常言語のすべての命題は、実際、そのあるがままで、論理的に完全に秩序づけられている」（五・五五六三節）のである。

ともあれ、肝心なのは、世界の具体的なあり方は経験的にのみ知られる、ということだ。言い換えれば、「事実はしかじかである」という経験の内容をア・プリオリに――つまり、経験に先立って――語ることは当然不可能なのである。

しかし、世界の具体的なあり方を経験する前提となる、いわば別の種類の「経験」があるように思われる。それは、世界があるということの経験である。

世界が存在しなければ、それが様々なあり方をすることはありえない。それゆえ、世界があることは、世界のあり方に先立つ。そして我々は、世界があることを経験し、そのことを語りうるかに見える。たとえば、我々はときに、世界があることに驚く。その驚きは、「なぜ世界は存在するのか」とか、「なぜ、何もないのではなく、何かがあるのか」といった問いのかたちで提示されることもある。実際、哲学の歴史においては、この種の驚きと問いが繰り返し表明されてきた。

「世界が存在する」というのは、無意味な命題もどきである

では、「世界が存在する」という命題はそもそもどのようなことを意味しているのだろうか。

この命題における「世界」とは、『論考』の冒頭の節で定義されていた「成立している事柄の総体」を指す語ではないし、また、何らかの特定の対象（の集合）を指す語でもない。それは地球でもよいし、宇宙でもよいし、もし宇宙が複数あるならば宇宙の集合全体でもよいし、それこそ論理空間でもよい。机の上のペンでもよいし、路傍の石でもよいし、石をかたちづくる原子であってもよい。とにかく何かが存在すること、あるいは、ただ単に存在するということ、あるという無限定の事実を、我々は「世界が存在する」という命題で表現しようとするのである。

しかし、『論考』のこれまでの議論に従うならば、世界が存在するということなどありえない。そのような事実は存在しえない。なぜなら、事実というのは世界のなかに成立している何か特定の事態にほかならないが、世界が存在すること自体は当然、世界のなかの事態ではありえないからである。

あるいは、こう言うこともできるだろう。たとえば、「新幹線が東京駅に停車している」という命題は、世界のなかに成立しうる特定の事態を描き出している。すなわち、世界のなかの特定の論理的場を指定し、他の論理的場を指定していない。これが、命題が意味を成していること――特定の事態を描き出していること――の内実である。しかし、「世界が存在する」というのは、繰り返すように何か特定の事態を描き出すものではありえない。むしろ、「机の上にペンがある」ことや「地球がある」こと、あるいは「新幹線が東京駅に停車している」こと等々、すべての事態から帰結してしまう。言い換えれば、すべての事態を許容し、すべての論理的場を指定してしまう。というのも、いかなる世界のあり方も、成立しているのであれ成立していないのであれ、世界が存在することを前提にしている（世界が存在することを含んでいる）からである。

つまり、トートロジーが、可能な事態をすべて許容するがゆえに何ごとも語っておらず、それゆえ命題と命題もどきの際《きわ》に位置するのと同様に、「世界が存在する」という命題も、そもそも真正の命題とは言いがたい。

有意味な命題	意味を欠く命題 ＝トートロジー、矛盾	無意味な命題もどき
論理に従い（言語と世界の論理的性質を反映し）何ごとかを語っている	何ごとも語らないが論理に従っている	論理に従っていない

しかし、「世界が存在する」とトートロジーの間には、さらなる違いもある。トートロジーの場合には、たとえ何ごとも語っていなくとも、我々はその記号の配列の仕方を見るだけで、それがア・プリオリに真であるということを理解できる。すなわち、論理的構文論に従った記号の使用例だと理解できる。そして、まさにそのことを通して、言語と世界の論理的性質を示すのが、トートロジーなのである。

他方、「世界が存在する」という記号列は、何か特定の経験的な内容を表現するものではないし、かといって、トートロジーのように、その記号の配列の仕方それ自体によってア・プリオリに真だと理解される命題でもない。つまり、意味を欠きつつも言語と世界の論理的性質を反映している記号列（記号結合の限界事例）でもない。だとすると、「世界が存在する」という記号列は、「マグネットの次は織田信長だ」などと同様に、実は命題ではなく、むしろ命題もどきの部類に入る、ということになるだろう。

ただ、もちろん、世界が存在することに驚くこと自体は、一個の経験である。すなわち、ある時ある場所である人物が何かしら驚くという経験をしたというのは、世界のなかの一個の事実である。（実際、世界が存在することに驚いた経験がないという人も多くいるだろう。）また、ある時ある場所である人物が、「なぜ世界が存在するのか」と問うたというのも——つまり、そのような音声を発したり文字を書きつけたりしたということも——世界のなかの一個の事実である。

しかし、それは、何か意味のあることに驚いたり、意味のあることを問うたりしているわけではないと、ウィトゲンシュタインなら言うだろう。世界が存在するというのは、後の六・四四節における彼の表現を先取りするなら、一個の神秘である。すなわち、事実でもなく、また虚構でもなく、神秘としか言いようがないものである。だから、その理由について問うことも答えを与えることも不可能なのである。

世界があることは、世界のあり方に先立ち、論理に先立つ

世界が様々に具体的なあり方をするための前提条件——世界が何らかの経験的な内容を有する可能性の条件——であり、そして、そうであるがゆえに、それ自体について有意味に語ることができないもの。これを、ウィトゲンシュタインが後の六・一三節や六・四二一節で使う用語を先取りして表現するなら、超越論的な条件という風に呼びうるだろう。

たとえば、言語と世界が共有する論理的性質（論理形式）がこの意味で超越論的だということは、本書で繰り返し確認してきたポイントである。何ごとかが有意味に語られたと

き、その命題は常に言語全体と世界全体の論理的性質を反映している。より簡潔に言えば、我々が語る命題も、それが描き出す経験的な内容も、常にすでに論理に従っている。その意味で「論理はどんな経験にも――すなわち、何かがしかじかという仕方であるという経験にも――先立つ」（五・五五二節）。

ただし、この「先立つ」というのは、あらゆる経験に時間的に先立って、「論理」ないし「論理的性質」という何らかの対象がそれ自体として独立に存在する、ということではない。論理は、その適用である有意味な命題においておのずと示されている。言い換えれば、個々の有意味な命題が語られるとき、そこで反映されているのが、論理である。つまり、論理は、その適用から離れて、それ以前に何らかの対象として存在しうるものではないのだ。

では、世界の存在についてはどうか。これも、あらゆる経験に時間的に先立つわけではない。世界の具体的なあり方に反映されている――何かがしかじかという仕方であるということにおいておのずと示されている――のが、世界の存在なのである。

この意味で、世界があることは、世界のあり方に先立つ。そしてさらに、論理にも先立つ。逆に言えば、「論理は、あり方には先立つが、あることには先立たない」（五・五五二節）。この前後関係は、繰り返すように、時間的な前後関係ではなく、どちらがどちらを前提にしているか――どちらがどちらの可能性の条件（超越論的条件）であるか――ということを指している。そして、「世界がある（何かがある、ある、存在する）」というのは、言語と世界の論理的性質を反映している命題ではそもそもない。すなわち、この記号列は、何ごとも言い表していないし、トートロジーのように論理に従ってもいない。それゆえ、論理は世界の存在には先立たない（＝論理は、世界の存在の可能性の条件ではない）。他方、世界が存在しなければ、それが様々なあり方をすることはありえないし、さらに、そこに論理が適用（反映）されていない場合にも、世界が様々なあり方をするということはありえない。また、論理は、そのように適用される以前にそれ自体として存在するものではありえない。したがって、世界の存在は論理にも先立つ。

まとめよう。世界があることは超越論的である。すなわち、世界のあり方に先立ち、論理にも先立つ、それらの可能性の条件である。そして、そうであるがゆえに、我々はこの条件についていかようにも語りえない。その意味で、世界があることは神秘なのである。

だから、世界があることに驚くというとき、我々は実は、何に驚いているのか理解していない。なぜ世界はあるのかと問うとき、何を問うているのか理解していない。というのも、「世界がある」というのは命題もどきであり、いかなる事態も表現しない無意味な記号列だからである。

しかし、たとえそうであっても、我々はしばしば、これに驚き、これを問う。そのように、いわば言語の限界に向かって突進し、ぶつかって撥ね返され、どうしても語りたいこ

とを語りえないという挫折と無力さの実感において、我々はまさに、神秘として世界の存在を直観するのである。(1)

(1) ウィトゲンシュタインと同年生まれのマルティン・ハイデガーは、その主著『存在と時間』において、存在への問いには答えが欠けているだけではなく、問いそのものさえ不透明であると指摘して、問題設定そのものを行き届いたかたちで開発しなければならないと訴えた。そして、独創的な仕方でこの課題を遂行しようと試みた。『論考』の内容に強く影響を受けた初期の論理実証主義者たちが、そうしたハイデガーの議論に対して激しい批判を向け、ときに嘲笑的な攻撃さえ仕掛けたのに対して、当のウィトゲンシュタイン自身はむしろ、ある種の理解と敬意を示しているのは注目に値する。その一部のみを、以下で紹介しておこう。

私は、ハイデッガー〔ハイデガー〕が存在と不安について考えていることを、十分に考えることができる。人間は、言語の限界に対して突進する衝動を有している。(「ウィトゲンシュタインとウィーン学団」黒崎宏訳、〈ウィトゲンシュタイン全集5〉、大修館書店、一九七六年、98頁)

コラム②　倫理学講話

生涯唯一の一般向け講演

一九二九年一一月一七日、ウィトゲンシュタインは、「異教徒たち（The Heretics）」と称する協会のメンバーたちを対象に講演を行った。それは結果的に、彼の生涯唯一の一般向けの講演となった。

　この講演は、哲学や倫理学を専門としない聴衆を想定して構成されており、ウィトゲンシュタインの叙述のなかではひと際丁寧で分かりやすいものになっている。また、この講演は彼の思考がまだ『論考』の圏内にあったぎりぎりの時期になされたものであり、内容的に、おおよそ本書の§27以降で扱っている『論考』の内容を理解するための、彼自身による格好の解説として読むこともできる。

絶対的価値の探究としての倫理学

　この講演の冒頭近くで彼は、倫理学という分野をかなり広くとると宣言している。すなわち、一般に美学の領域で探究されているものも含み、真に価値あるもの、真に重要であるものとは何か、人生の意味とは何か、人生を生きるに値するものたらしめるのは何か、正しい生き方とは何かといった探究の全体を、「倫理学」という言葉で自分は表すというのである。

　そして、この「倫理学」という探究は、煎じ詰めて言えば、絶対的価値の探究だとウィトゲンシュタインは言う。「絶対的価値」とは、他の何かのためではない、それ自体の内在的価値、究極的価値のことであるが、この種の価値と相対的価値との違いを、彼は具体例を豊富に用いながら説明している。たとえば我々は、ある街に行くための

「正しい道」「よい道」について語ることがある。この場合の「よさ」「正しさ」は、特定の目的によって条件づけられた価値、手段としての価値（＝相対的価値）を意味している。他方、我々はまた、たとえば人として「正しい道」「よい道」について語ることもある。この場合、我々は、他の目的によって条件づけられることのない、それ自体が内在的にもつ価値（＝絶対的価値）に言及している。

ウィトゲンシュタインはこのように、「よい」「正しい」という概念の両義性に焦点を合わせながら、倫理学が探究する絶対的価値の内実を解きほぐしていこうとするのである。（なお、絶対的価値と相対的価値の違い、ならびに、『論考』において絶対的価値という概念が果たす役割について、本書では後の§32、298頁以降で主題的に取り上げている。）

語りえないものに向かう傾向への敬意

ところで、ウィトゲンシュタインはこの講演のなかで、絶対的価値とは何かについて内省すると決まってある経験が自分のなかで想起されると語っている。それこそがまさに、「世界の存在に驚く」という経験にほかならない。また彼は、「何が起ころうと、何ものも自分を傷つけることはできない、自分は安全だ、守られている」という風に感じる経験や、あるいは、「罪を感じる」という経験も、絶対的価値を表現しようとするときに浮かんでくるものとして挙げている。そして、同時に彼は、宗教的言説においてこれらの経験はそれぞれ、「神が世界を創造し給うた」、「私は神の御手のなかにある」、そして、「神は私の行いを許されない」という仕方で表現されてきたものだ、とも述べている。

いずれにしても、講演においてこうした表現を例示することでウィトゲンシュタインが強調しているのは、これらは意味を成していないということである。人はこれらの表現を発するとき、言語の限界に向かって突進している。しかし、ウィトゲンシュタインはその詮無《せんな》き行為を批判し、あざけっているわけではない。むしろ、その反対である。人を煙《けむ》に巻いたり深遠さを衒《てら》ったりするためのおしゃべりとしてではなく、やむにやまれず、切実にこれらの表現が発せられているのであれば、そこでは真に重要なことが示されていると彼は考える。講演の最後を、彼はこう言って締めくくるのである。

倫理学が人生の究極の意味、絶対的善、絶対的に価値のあるものについて何かを語ろうとする欲求から生ずるものである限り、それは科学ではありえません。それが語ることはいかなる意味においても我々の知識を増やすものではありません。しかし、それは人間の精神に潜む傾向をしるした文章であり、私は個人的にはこの傾向に深く敬意を払わざるをえませんし、また、生涯にわたって、私はそれをあざけるようなことはしないでしょう。

＊＊＊

『倫理学講話』は邦訳で一四ページほどの分量しかなく、内容も比較的平明なので、ぜひ自分で実際に読んでみてほしい。—— Wittgenstein, L., "A Lecture on Ethics" in *Philosophical Occasions, 1912-51*, J. C. Klagge & A. Nordmann (eds.), Hackett, 1993, pp.36-44.（「倫理学講話」杖下隆英訳、〈ウィトゲンシュタイン全集5〉、大修館書店、一九七六年。）

また、手前味噌だが、以下のエッセイの第1〜2節は、この講演においてウィトゲンシュタインが展開している「絶対的価値」と「相対的価値」の区別を、より詳しく、分かりやすく解説することを試みているので、講演の内容理解の一助として参考にしてほしい。——古田徹也「絶対的価値と相対的価値：宇宙開発の意義についての一視点」、『人文・社会科学研究活動報告集 二〇一五年までの歩みとこれから』〈宇宙航空研究開発機構特別資料 JAXA-SP-15-017〉、二〇一六年、133-144頁。（このエッセイは現在、以下のウェブページから閲覧可能である。https://repository.exst.jaxa.jp/dspace/handle/a-is/563055）

§28　独我論と哲学的自我——五・六〜五・六四一節

【抜粋】

五・六　私の言語の限界が、私の世界の限界を意味する。

五・六一　論理は世界に充満している。世界の限界は論理の限界でもある。

したがって我々は、論理の内部で、「世界にはこれとこれは存在するが、あれは存在しない」と語ることはできない。

一見すると、そのように語ることでいくつかの可能性が排除されるように思われる。しかし、それはできない相談だ。というのも、そのように語ることができるのは、論理が世界の限界を外側からも眺めうる場合に限られる——それゆえ、その場合には論理が世界の限界を超えていなければならないことになる——からである。

思考できないことを我々は思考できない。それゆえ、思考できないことを我々は語ることもできない。

五・六二　以上の見解が、独我論はどの程度正しいのかという問いに答える鍵となる。すなわち、独我論の言わんとすることは全く正しい。ただし、それは語ることができず、示されるものなのである。

世界が私の世界であるということは、この言語（私が理解する唯一の言語）の限界が、私の世界の限界を意味するということに示されている。

五・六二一　世界と生とはひとつである。

五・六三　私は、私の世界である。（小宇宙。）

五・六三一　思考し表象する主体なるものは存在しない。

『私が見出した世界』という本を私が書くとすれば、そこでは私の身体についても報告し、また、身体のどの部分が私の意志に従い、どの部分が従わないか等々のことについても語らなければならないだろう。これは要するに、主体を孤立させる方法であり、あるいはむしろ、ある重要な意味で、主体が存在しないことを示す方法なのである。なぜなら、この本のなかでは主体だけが、論じることのできないものとなるからである。

五・六三二　主体は世界に属さない。主体は世界の限界なのである。

五・六三三　世界のなかのどこに形而上学的な主体が認められうるというのか。

事情は眼と視野の関係と同じだと君は言う。しかし、君は実際に眼を見ることはない。

そして、視野のうちにあるどんなものからも、それが眼によって見られているということは推論されない。

五・六三三一　つまり、視野は決してこのようなかたちをしていない。

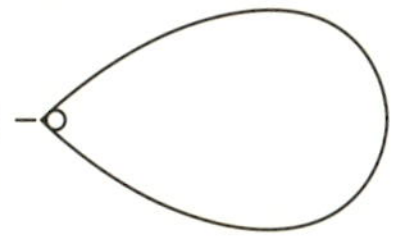

……

五・六四　ここにおいて、独我論を徹底させれば純粋な実在論と一致するということが見て取られる。独我論の自我は空間的広がりをもたない点へと収縮し、自我に対応する実在が残される。

五・六四一　それゆえ、哲学が心理学とは異なる方法で自我を論じる意味は、確かにある。

自我は、「世界は私の世界である」ということを通して哲学に入り込む。哲学的な自我。それは人間ではなく、人間の身体でもなく、また、心理学が扱うような人間の心でもない。それは形而上学的主体、すなわち、世界の部分ではなく世界の限界なのである。

【解説】

独我論が生まれるところ

先の§27で扱った五・五五二節では、世界が存在するということが、超越論的なこと——世界が具体的なあり方をする可能性の条件であり、そうであるがゆえに語りえないこと——のひとつとして示された。世界の存在は、我々が世界の具体的なあり方について語るときに常にすでに前提にしていることである。また、五・五五二節に至るまで一度も示唆されなかったとはいえ、『論考』の議論自体も暗黙裡に最初から前提にしていたことだと言ってよいだろう。

この§28で扱う各節では、同様に超越論的なこととして、また別のものの存在が示される。それは、私である。

いま、二段落前に本書では、「我々が世界の具体的なあり方について語るときに……」という言い方をした。本書では他の箇所でも、「我々が普段用いている日常言語の諸記号……の構造は見掛け以上に遙かに複雑である」（125頁）とか、「命題の真偽は我々の経験的探究を通じてしか決まらない」（176頁）といった言い方をしてきた。また、『論考』自体のなかでも、「我々は事実の像をこしらえる」（二・一節）とか、「像の真偽を知るためには、我々は像を現実と比較しなければならない」（二・二二三節）といった言い方がなされてきた。

しかし、正確に言うなら、「我々」ではなく、「私」なのではないだろうか。像をこしらえ、それを現実と比較しているのは、他ならぬこの私ではないだろうか。他者がどのようなことを考え、世界をどのように見ているかは、究極的には知りえない事柄である。世界とは、他ならぬこの私が見ている世界であり、世界の可能性とは、他ならぬこの私が思考する可能性なのではないだろうか。

いま、机の上にペンがある。また、窓の外では雨が降っている。しかしそれは、正確に言うなら、机の上にペンがあるのが見えており、窓の外では雨が降っているのが見えている、ということなのではないか。そして、それらを見ているのは、他ならぬこの私ではないだろうか。何かが存在すること、何らかの事態が成立していることは、そのことが誰かによって見られていること、知覚されていることと不可分である。そう考えるとき、「存在するとは、誰かによって知覚されることである」という観念論の蓋《ふた》が開く。そして、知覚しているその「誰か」とはまさしくこの私のことだと考えるとき、観念論は特に独我論という形態をとって姿を現す(1)。

同様のことは、いまこのようにある世界だけではなく、世界の可能性についても言える。外の天気は晴れになることも、雪になることも、また、かつてない規模の台風に襲われることもありうる。そして、上記の可能性は、まさにそのように語られることにおいて――「外はかつてない規模の台風に襲われている」といった命題がこしらえられることにおいて――はじめて輪郭づけられる。この点は、『論考』の基本的かつ枢要な論点のひとつであり、本書§5で詳しく確認したとおりである(63-64頁)。しかし、世界の可能性はそもそも誰によって語られるのかと問うとき、やはり独我論が姿を現すことになる。すなわち、世界の可能性は、他ならぬこの私がどのような命題を語りうるかということに依存している、という考えである。

主体は世界の限界そのものであり、世界のなかには属さない

世界とは、他ならぬこの私が知覚している世界である。世界はこの私に対して開かれている。また、世界の可能性も、この私がどのような命題を語りうるか――どのような像をこしらえうるのか——ということに依存している。その意味で、世界は私の世界である。独我論は、おおよそこうした形態をとる。

しかし、独我論に対してウィトゲンシュタインは次のような判定を下している。「独我論の言わんとすることは全く正しい。ただし、それは語ることができず、示されるものなのである」（五・六二節）。なぜ、独我論は語りえないと彼は言うのだろうか。

鍵となるのは、五・六三節の「私は、私の世界である」という見解だ。私は、私の世界そのものである。言い換えれば、私は世界のなかに存在するのではないとウィトゲンシュタインは主張するのである。

彼はこの点を明確にするために、『私が見出した世界』なる本を私が書く、という例を挙げている（五・六三一節）。この本には文字通り、私が見出した世界のあり方が書き込まれる。たとえば、ある場所ではある時間には雨が降り、別の時間には晴れていたことや、ある店ではある時間に秋刀魚を売り、別の時間には売っていなかったこと、等々。また、そのように私の外側に広がる世界のあり方だけではなく、いわば私の外見や内面についても、私はこの本に詳しく書き込むことができる。たとえば、鏡を見ながら、自分の顔や髪や手足がかくかくしかじかの形状をしていることを、私は記述できる。さらに、自分があるとき怒っていたことも記述可能だし、さらにまた、自分の手足や頭などは自分の意志に従って自在に動くが、心臓や腸などは意志に従わないこと等々も、記述可能である。

つまり、『私が見出した世界』という本には、私の外側も内側も、すなわち、私が知覚した世界のあり方や、私の外見、さらに、私の内なる感情や意志等のあり方も、具体的に詳しく記されうる。しかし、それらの記述をどれほど網羅的に、きめ細かくしていってもーーというより、きめ細かく記述すればするほどーーどうしてもこの本に書き込めないもののの存在が浮き彫りになってくる。それは、世界のあり方を見出している他ならぬこの私の存在である。

繰り返すように、私の外見や内面についてはこの本に書き込める。しかし、そうした私の外見や内面を見つめている私それ自体は決して対象化しえない。この、私の身体でもなく、心理学において扱われるような私の心（感情、意志等）でもない私ーー世界のなかの一個の対象（あるいは、対象の集合）としての私ではなく、世界のなかに原理的に現れない私ーーのことを、ウィトゲンシュタインは、「形而上学的な主体」ないしは「哲学的な自我」とも呼んでいる（五・六三三、五・六四一節）。すなわち、経験的な内容として対象化されることがありえない主体ないし自我、という意味である。（ちなみに、「形而上学」という言葉は文脈によって様々な意味合いをもちうるが、ここで言う「形而上学」とは、「哲学」と同じ事柄を意味していると考えてよいだろう。つまり、経験的な内容をどこまでも超えた世界の本質や原理について論じる学問ーーそしてそれは、『論考』のウィトゲンシュタインにとっては学問たりえない営みということになるのだがーーとしての「形而上学」「哲学」である。）

いずれにせよ、こうした意味での私（主体、自我）の存在は、『私が見出した世界』という本のなかに唯一書き込めないものとして特徴づけられる。それゆえ、この本を書くという営みは、「主体を孤立させる方法」（五・六三一節）、ないし、「主体が〔世界のなかに〕存在しないことを示す方法」（同節）だとも言える。「なぜなら、この本のなかでは主体だけが、論じることのできないものとなるからである」（同節）。

そして、同じことは世界の限界についても当てはまる。たとえば、『私が見出しうる世界』という本を私が書くとしてみよう。その場合、私は想像力を逞《たくま》しくして、あるいは、文法（構文論）に最低限従ったかたちで語を適当に並べ替えるなどして、私が見出しうる世界を次々に書き込むことができるだろう。たとえば、エベレストの山頂にペンが三千本刺さっていることや、私の愛用のペンが火星にぽつんと置かれていること、さらに、私の身体がサイボーグ化されていることや、宇宙人が私の脳に埋め込んだマイクロ・チップによって、私の感情から怒りや悲しみが失われること、等々。しかし、そうした荒唐無稽な可能性をどれほど書き込んだとしても、そのように思考している私――成立していない事態の像をこしらえている主体――それ自体はこの本に書き込まれない。もちろん、「エベレストの山頂にペンが三千本刺さっている様子を私が想像している」という命題をこしらえることは（いままさにしているように）可能だ。しかし、この命題をこしらえている主体はやはり書き込まれない。以下、このいたちごっこにはきりがない。つまり最終的には、何ごとかの像をこしらえる主体それ自体は、『私が見出しうる世界』のなかには登場しえない。その意味で、「主体は世界に属さない。主体は世界の限界なのである」（五・六三二節）。

以上のように、『私が見出した世界』や『私が見出しうる世界』という本にきめ細かい記述を与えれば与えるほど、むしろこれらの本に決して書き込めないものの存在が浮き彫りになる。この構造はちょうど、最大限の表現能力をもつ言語である〈究極の言語〉の想定によって、むしろこの言語ですら表現できないものの存在が浮き彫りになることと同じである。つまり、後者においては論理が語りえないものとして示されたように、『私が見出した世界』や『私が見出しうる世界』という本においては、本に書き込む当の私自身（形而上学的な主体、哲学的な自我）が、語りえないものとして示されることになるのである。

主体は視野のうちには現れない

いま確認したのは、「思考し表象する主体なるものは存在しない」（五・六三一節）ということである。すなわち、世界の可能性を思考し、世界の具体的なあり方を知覚する主体は、世界のなかには存在しえない。むしろ、主体とは世界の限界それ自体のことだとウィトゲンシュタインは言うのである。

この論点を、絵画というものを比喩に用いて表してみよう。たとえば、私の目の前に広がる風景を、私が絵に描くとする。その風景画のなかには私自身――つまり、私の身体――を描き込むこともできるし、戯れに、私がその風景画を描いている様子を描き込むこともできる。しかし、その風景画のなかの私は、描かれた私にほかならない。絵自体を描く私は、その絵のなかには原理的に登場しえない。描く私の存在は、むしろ、描かれた絵全体において示される。その意味で、私とは、言うなれば私が描く絵それ自体であり、私の限界とは、私が描ける絵の限界それ自体である。つまり、私とは、「世界の部分ではなく世界の限界」（五・六四一節）なのだ。

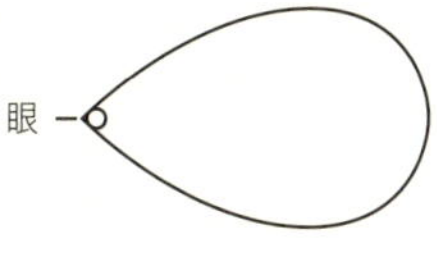

　これと基本的に同じ事柄を、ウィトゲンシュタイン自身は視野というものを例に説明している（五・六三三、五・六三三一節）。世界は他ならぬこの私に対して開けている。世界とは、この私の眼によって見られている世界のことである――そう独我論者が主張するとき、そこで思い描かれているのは、えてして上のような描像である。

　しかし、ウィトゲンシュタインが強調するように、「視野は決してこのようなかたちをしていない」（五・六三三一節）。各人の眼から開ける視野のなかに、見ている当人の眼それ自体が現れることは決してありえないのだ。それはちょうど、人々の描く風景画が普通このようなかたちをしていないのと同様である。山々や木々は、画家の眼に映るとおりに、まさにそこにあるものとして描かれる。自分の眼と並べて、眼から広がる視野と関連づけた仕方で描かれる、ということはないのである。

もちろん、先の前頁の図のような奇妙な構図の風景画を描くことも、可能といえば可能だ。すなわち、カンバスのなかに私の眼を描き、そこを起点に広がる視野の輪郭を描き、その輪郭のなかに山々や木々を描き込む、ということも可能だ。しかし、その絵に描かれた私の眼は、描く私の視野のなかに現れているものにほかならない。その眼を描いている私の眼は、もはや視野には決して現れないのである。

独我論を主張しようとすると、独我論が言わんとすることからずれていく

独我論者が先の図のような描像を思い描くとき、念頭にあるのは、世界内の事物と他ならぬこの自分とが、ある特別な関係によって結びついている、という思いなしである。すなわち、世界内の事物と自分とは、前者が後者によって見られているという関係で必然的に結びついていると、独我論者は考えるのである。というのも、独我論者によれば世界内の事物が存在するとは、自分によって知覚されているということを意味するからである。だからこそ、独我論者はたとえば先のような描像によって、自分の眼と世界のあり方とが「見る／見られる」という必然的な関係にあることを表現しようとするのである。

しかし、繰り返すように、視野は決して先の図のようなかたちはしていない。私の視野

に広がるのは、現実の世界のあり方そのものである。すなわち、机の上にペンがあり、ある店で秋刀魚を売っている、といった諸事実であり、それ以外の何ものでもない。そうした諸事実が私の眼によって見られている、ということは推論されない（五・六三三節）。言い換えれば、そうした諸事実と私は、私によって見られているという関係で必然的に結びついているわけではないのだ。

　しかしそれでも、と独我論者は抗弁するかもしれない。視野がたとえ先の図のようになっていなくとも、それが私の視野であることは確かなのではないか。いま、机の上にペンがあるというのは、正確には、机の上にペンがあるのが私に見えているということ以外の何ものでもないのではないか、と。

　これに対して、当の独我論者を除くすべての人間が、冗談ではないと反論できる。いま机の上にペンがあるというのは客観的な事実であり、君によってのみ見られているというような、何か特別な、絶対的な現象なのではない、と。なるほど、視点による見え方の違いといったものは確かに存在する。たとえば机の上にあるペンを、いま私は椅子に座りながら、ある一定の視点から見ている。しかし、他の人も、いま私がいる場所に座れば、私と同様の仕方でペンを見ることができる。また、私自身も、立ったり、回り込んだりしながら、ペンを他の様々な視点から見て取ることができる。いずれにせよ、世界内の事物がそのつど様々に異なる視点から見て取られるという事実は、世界がとりわけ誰か一人の眼によって見られた世界であることを含意するわけでは全くない。

独我論者は、「世界は必ず、他ならぬこの私に対して開けている。世界とは必然的に、この私の眼によって見られている世界のことである」と主張する。しかし、そうした主張は、他の人々からすれば、「自分は他の人間とは違う特別な存在だ」と主張する単なる自己中心主義か、そうでなければ、意味を成していないうわごとを言っているのと変わらない。世界には無数の人間がいる。すなわち、無数の私たち（我々）がいる。そのなかで、どれか一人の「私」だけが特別である——世界がその人間に対してだけ開けているような、特別な存在である——ということなど証し立てようがないのである。

独我論を徹底させるとは、純粋な実在を語ることである

独我論を主張しようとすれば、どうしても、自分は他の人間と違う特別な存在だと主張する自己中心主義（あるいは、無意味なうわごと）に変質してしまう。では、独我論を他の主張に変質させずに徹底させるには、どうすればよいのだろう。

ウィトゲンシュタインによれば、独我論を徹底させるとは、世界のあり方をあるがままに語るということにほかならない。たとえば、机の上にあるペンをありとあらゆる視点から眺めて報告する、といったことである。そうやって、これ以上ないほどのきめ細かさで『私が見出した世界』という本を書いていく作業は、言うなれば、実在を純粋に語ること

である。なぜなら、この本に記されるのは、机の上にペンがあることや、ある店で秋刀魚を売っていることといった、世界の具体的なあり方それ自体のみであり、それらが私によって見られているものであるといったことは一切語られないからである。その意味で、「独我論を徹底させれば純粋な実在論と一致する」(五・六四節)ことになるのである。(2)

ウィトゲンシュタインの議論に従うならば、世界のあり方や、ありうる世界の可能性は、論理的な必然性に支配されるものではなく、それが誰かによって生きられ、経験され、語られるということと切り離せない。その意味で、「世界と生とはひとつである」(五・六二一節)と言うこともできるだろう。しかし、その世界が他ならぬこの私の世界であること、その生がこの私の人生であることは、どこまでも語りえない。むしろ、世界の具体的なあり方をいわば虚心坦懐に、あるがままに語ることにおいて、むしろそこで一切語られないものとして、独我論が言わんとする主体(自我)の存在がおのずと示されることになる。つまり、形而上学的な主体ないし哲学的な自我は、世界のあり方全体が反映しているもの——それゆえ、世界のなかに現れることが決してできないもの——としてはじめて自らを示すのである。それはちょうど、ある風景画がそれ全体で、その絵を描く画家の存在を反映しているのと同様である。

ア・プリオリに存在するもの・しないものについて語ることは、世界の限界を超え出ている

一見すると、世界のあり方を見出す主体としての私が存在する、ということは、ア・プリオリに真であるような事柄に思える。しかし、世界が存在するということと同様、それは錯覚にすぎない。およそあらゆるものに関して、存在するとかしないといったことを、ア・プリオリな仕方で語ることはできない。たとえば、「世界が存在する」とか「世界のあり方を見出している、他ならぬこの私が存在する」という風に語ってしまえば、それは必然的に論理に反することになり、無意味な命題もどきとなる。世界があることも、独我論が言わんとする主体も、思考できないことであり、語りえないこと——つまり、有意味な像をこしらえられないこと——なのである（五・六一節）。

私は私の世界であり、私の限界は世界の限界である。そしてその限界とは、具体的には、私に語りうることの限界である。つまり、「私の言語の限界が、私の世界の限界を意味する」（五・六節）。未来の世界のあり方は必然的に決定されているわけではないから（§24：228頁）、どんな荒唐無稽な事態も、可能性としては排除されない。たとえば、私は今後サイボーグ化され、そのつどの最新の外部記憶・計算装置が身体に直結し、寿命もほとんど際限なく伸びるかもしれない。そして、いまの我々からすれば全知と言いたくなるくらい、きめの細かい膨大な命題を構成できるようになるかもしれない。それゆえ、私に語りうることの可能性は、論理的にはほとんど際限がない。そうである以上、私の言語

――私に理解できる唯一のこの言語――の限界をあらかじめ引いておくとすれば、〈究極の言語〉のレベルで引いておくのが適当である。しかし、そのように、私の言語を〈究極の言語〉として措定したところで、それでも語りえないことがある。この§28で跡づけてきた五・六番台の各節において、ウィトゲンシュタインがそのひとつとして浮かび上がらせたのが、世界のなかの部分ではなく世界の限界そのものとしての私、形而上学的な主体ないしは哲学的な自我としての私にほかならない。

（1）観念論は、必ずしも独我論と同じものではない。たとえば、『人知原理論』（一七一〇年）において「存在するとは知覚されることである」というモットーを掲げた観念論者ジョージ・バークリにとって、知覚しているその主体とは、根源的には特定の自我ではなく、神であった（同書第二九節以下）。

（2）五・六四節で言われるこの「純粋な実在論」は、哲学において通常展開される実在論（本書の83頁や96頁でも言及しているもの）とは似て非なるものだと思われる。なぜなら、そうした通常の実在論というのは、世界内の事物は特定の人間による知覚や思考とは独立に存在するという主張を行うものだからである。他方、ウィトゲンシュタインの「純粋な実在論」とは、そうしたいわば形而上学的な主張を行うのではなく、ただ端的に、世界の具体的なあり方を語っていくことに徹する営みのことを指していると思われる。それゆえ、その営みは正確には実在論とは呼べないだろう。

§29　命題の一般形式②――六〜六・〇〇一節

【抜粋】

六　真理関数の一般形式は、$[\bar{p}, \bar{\xi}, N(\bar{\xi})]$ である。

これは命題の一般形式である。

六・〇〇一　これが語っているのは、「いかなる命題も、要素命題に操作 $N(\bar{\xi})$ を反復適用させた結果である」ということである。

……

【解説】

命題（真理関数）の一般形式を変項のかたちで表す

ここからいよいよ、『論考』の終盤、六番台の節に入る。

とはいえ、主要なアイディアや論点は、五番台の節でほぼ出尽くしている。これ以降の『論考』の記述は、ここまでの議論の成果を基に、矢継ぎ早にまとめと結論を提示していく過程となる。

まず、冒頭の六節で提示されている記号列は、真理関数の一般形式――つまり、命題の一般形式である「事実はしかじかである」――それ自体を、変項のかたちで表したものである。$\bar{p}$は要素命題の集合、$\bar{\xi}$は任意の個数の命題、$N(\bar{\xi})$は、任意の個数の命題をすべて否定するという操作を表す（§25：236頁）。そして、それらを並べた［$\bar{p}$, $\bar{\xi}$, $N(\bar{\xi})$］という表記は、直後の六・〇〇一節でウィトゲンシュタインが解説しているとおり、「いかなる命題も、要素命題に操作$N(\bar{\xi})$を反復適用させた結果である」ということを表している。その意味は、本書§25で詳しく見たので、もはや繰り返す必要はないだろう。

§30　論理学の命題および証明の本質——六・一〜六・一一三節

【抜粋】

六・一　論理学の命題はトートロジーである。

六・一一　論理学の命題は何ごとも語らない。（それは分析命題である。）

……

六・一一三　論理命題が真であることを、我々はそのシンボルだけから知ることができる。これは論理命題の際立った特徴である。……また、論理命題ではない命題の真偽は命題を見るだけでは知ることができないということも、極めて重要な事実である。

六・一二　論理学の命題がトートロジーであることは、言語の形式的（論理的）性質、すなわち、世界の形式的（論理的）性質を示している。構成要素がしかじかの仕方で結合されるとトートロジーになるということが、構成要素の論理を特徴づけている。

……

六・一二〇二　同じ目的のために、トートロジーではなく矛盾を用いることもできる。

これは明らかなことだ。

……

六・一二一　論理学の命題は、いくつかの命題を結合することで何ごとも語らない命題を作成することにより、それらの命題の論理的性質を露わにするものである。……

……

六・一二六　……ある論理命題を他の論理命題から構成する際、我々は記号規則のみに依拠し、意味も指示対象も考慮に入れない。

論理命題の証明とは、一定の操作を反復適用することによって、当該の論理命題を他の論理命題から作成することにほかならない。つまりこの操作は、最初のトートロジーから次々に他のトートロジーを作成していくことにほかならない。（すなわち、トートロジーから帰結するのはトートロジーのみなのである。）

もちろん、論理命題がトートロジーであることを示すこうした証明は、論理学にとっては全く本質的なものではない。このことは、証明の出発点となる命題がトートロジーであることを示すには、もはや証明に頼ることはできない、ということからして明らかだろう。

六・一二六一　論理学においては、過程と結果は同等である。（したがって、いかなる驚きも生じない。）

六・一二六二　論理学における証明とは、複雑な命題がトートロジーであるという認識を容易にするための機械的な補助手段にすぎない。

……

六・一三　論理学は学説ではなく、世界の鏡像である。

論理は超越論的である。

……

【解説】

論理学は命題間の推論的関係のみを扱う

ここまで見てきた各節の内容から明らかなとおり、『論考』はしばしば記号論理学の道具立てを駆使しながら議論を展開している。この§30で扱う六・一節では、論理学という営み自身について、この学問の命題や証明について、その本質的な特徴が述べられている。

ウィトゲンシュタインによれば、論理学は命題間の推論的関係を扱うものであって、因果的関係を扱うものではない。言い換えれば、ある命題から別の命題が必然的に（論理的に）帰結するという関係を扱うのが論理学であって、何らかの命題が真であることが経験的に確かめられるという契機はこの学問では扱われない。つまり、「論理学においては、過程と結果は同等」（六・一二六一節）なのであり、したがって、この学問においては「いかなる驚きも生じない」（同節）。論理学においてある命題が真であることは、命題を構成する記号（つまり、要素命題）の結合の仕方のみによって知られるのでなければならないのだ（六・一一三節）。

論理学の命題はトートロジーである

そして、この条件に適合する命題が何であるかを、我々はすでに確認している（本書§22）。すなわち、トートロジーである。命題とは本来、何ごとかを語るもの――何らかの事態を真だと主張するもの――であり、その命題を見るだけでは真偽は分からない。現実と比較するという経験が必要となるのである。他方、トートロジーの場合には、それを構成する要素命題の結合の仕方を見るだけで、真であることが分かる。それゆえ、「論理学の命題はトートロジー」（六・一節）であり、また、そうである以上、「論理学の命題は何ごとも語らない（それは分析命題である）」（六・一一節）ということになる。

論理学は、いくつかの要素命題の結合によって何ごとも語らない真なる命題ができるという、まさにその事実を通じて、それらの命題の――ひいては、命題の集合たる言語と、それが対応する世界の――論理的性質ないしは形式的性質を示す。ウィトゲンシュタインはこの学問の役割をそう捉えている。そして、この見方に従うならば、論理学における証明とは、ある複雑な命題が、トートロジーであることがすでに分かっている別の命題に一定の操作を反復適用させることによって作成されることを明らかにすることにほかならない。

論理学にとって本質的なものと、そうでないもの

このように、論理学の証明という営みの内実は、「最初のトートロジーから次々に他のトートロジーを作成していく」（六・一二六節）という操作だと言える。ただし、ウィトゲンシュタインは、「論理命題がトートロジーであることを示すこうした証明は、論理学にとっては全く本質的なものではない」（同節）と続けている。このポイントを理解するには、『論考』において彼が基本的に、論理空間という次元で言語と世界を捉えているということを思い出す必要がある。

なるほど、ある証明を辿ることで、複雑な命題が実はトートロジーであることにはじめて気づく、ということはあるだろう。しかしそれは、その人がそうした「気づく」という経験をした、ということにすぎない。また、ある人が証明自体を行う場合でも、それは、その人がそのようなことをしたという事実が成立した、ということにすぎない。論理空間という次元において眺めれば、要素命題同士が結合して他の命題が構成される可能性はすべて定まっているのだから、当然、トートロジーもその一切がすでに定まっている。言い換えれば、いかなる命題がトートロジーであるかはすべて確定している。繰り返すように、論理学においては「いかなる驚きも生じない」（六・一二六一節）のであり、そしてそのこと自体が論理学にとっては本質的なのである。つまり、証明を行うという経験的なプロセスや、証明を理解するという経験的な契機は、この学問にとって本質的なものではないということだ。

ウィトゲンシュタイン自身の表現を借りれば、「論理学における証明とは、複雑な命題がトートロジーであるという認識を容易にするための機械的な補助手段にすぎない」（六・一二六二節）。すなわち、論理学の証明の役割は、ある命題（トートロジーないし矛盾）から別の命題が必然的に帰結することを明らかにする――すなわち、命題間の推論的関係の認識を容易にする――ということに尽きる。つまり、証明の起点となる単純なトートロジーがトートロジーであり、矛盾が矛盾であること、たとえば、「p∨~p」がア・プリオリに真であり、「p・~p」がア・プリオリに偽であることは、もはや証明可能な事柄ではない。「証明の出発点となる命題がトートロジーであることを示すには、もはや証明に頼ることはできない」（六・一二六節）。我々はこうした記号の結合から、それらがア・プリオリに真や偽であることを直《じか》に見て取るのである。

論理学は、論理を示す営みである

ともあれ、彼の以上の議論に従うならば、「論理学は学説〔＝何らかの経験的な内容を真だと主張する諸命題のカタログ〕ではなく、世界の鏡像である」（六・一三節）ということになる。つまり、世界に反映されている何かを示すという点に、論理学の営みの本質があるということだ。

そして、その「何か」とは、言語と世界が共有する論理的性質（論理形式）――あるいは単純に、論理――にほかならない。論理とは、世界が様々に具体的なあり方をするための前提条件――世界が何らかの経験的な内容を有する可能性の条件――であり、そして、そうであるがゆえに、それ自体について有意味に語りえないもののひとつである。つまり、論理は超越論的なもののひとつである（六・一三節）。論理学とは、そうした超越論的なものとしての論理を示す営みなのである。

したがって、論理学において証明の対象や前提となる命題は、実はトートロジーである必要はない。記号の結合の仕方のみによってア・プリオリに偽であると知られる命題、すなわち矛盾においても、論理は示される。「同じ目的のために、トートロジーではなく矛盾を用いることもできる」（六・一二〇二節）のである。したがって、論理学の命題は矛盾であってもよいし、論理学の証明は、ある矛盾から別の矛盾が必然的に帰結することを明らかにする営みであってもよいのである。

§31　説明の終端――六・三〜六・三七二節

【抜粋】

六・三　論理の探究とは、あらゆる法則性の探究である。そして、論理の外ではすべてが偶然である。

……

六・三四一　たとえばニュートン力学は、世界の記述にひとつの統一的な形式を与えている。……力学は、世界を記述する命題のすべてが所定のいくつかの命題――力学の公理――から所定の仕方で形成されなければならないと主張する。そして、そう主張することによって、世界の記述の形式を規定している。かくして力学は、科学という建造物の建築資材を提供し、こう言うのだ。どんな建造物を建てるとしても、君たちはこれらの資材を――しかも、これらのみを――やりくりしていかなければならない、と。

……

六・三四三　力学とは、我々が世界の記述に必要とするすべての真なる命題を、一個の計画に従って構成しようとする試みである。

……

六・三六　仮に因果法則が〔それ自体ひとつの法則として〕存在するとすれば、それは「自然法則が存在する」というものになるだろう。

しかし、もちろん人はそれを語りえない。それはおのずと示されるものなのである。

……

六・三六三一一　太陽が明日も昇るだろうというのは、ひとつの仮説である。すなわち、太陽が昇るかどうか、我々は知っているわけではない。

六・三七　ある出来事が起こったために、他の出来事が必然的に引き起こされる、という強制は存在しない。存在するのは論理的必然性のみである。

六・三七一　現代の世界観全般の根底には、いわゆる自然法則を自然現象の説明と見なす錯覚がある。

六・三七二　かくして、古代の人々が神と運命の前で立ち尽くしたように、現代の人々は自然法則を疑う余地のないものと見なし、そこで立ち尽くす。

そして、これは両者ともに正しいと言えるし、また、誤っているとも言える。ただし、現代の体系では自然法則ですべてが説明されるかのように思われているのに対して、古代の人々は説明が尽きる地点をはっきりと認めていた分、より明晰であった。

【解説】

因果的関係は必然的ではなく、偶然的なものである

因果性は、論理的な必然性を意味するものではなく、その意味で偶然に属する事柄である。明日も太陽が昇るということすら、今日まで太陽がずっと昇ってきたという経験の蓄積から必然的に帰結する事柄ではない。これは、五・一三番台の節ですでに提示された論点であり（本書§24：228頁）、この§31で扱う六・三節以下でも、さしあたり、「論理の外ではすべてが偶然である」（六・三節）という同様の論点が繰り返されている。

ウィトゲンシュタインによれば、「ある出来事が起こったために、他の出来事が必然的に引き起こされる、という強制は存在しない。存在するのは論理的必然性のみである」（六・三七節）。たとえば、「太陽が明日も昇るだろうというのは、ひとつの仮説である。すなわち、太陽が昇るかどうか、我々は知っているわけではない」（六・三六三一一節）。

逆に言えば、我々がア・プリオリに知っていると言えるのは、「pかつq」から「p」が帰結するといった論理的必然性のみだ、ということである。

力学の各体系は、世界のあり方を具体的に記述する多様な形式のひとつである

しかし、たとえばニュートン力学は、世界のあらゆる運動は自然法則に必然的に従っていると主張する。そして、因果法則——自然法則を原因と結果の関数的関係として表現するもの——に則《のっと》った仕方で、あらゆる出来事を記述しようとする。すなわち、特定の原因からの必然的な結果として、あらゆる出来事を記述しようとするのである。ウィトゲンシュタインは、そうした因果的決定論に基づいた世界記述の試みは間違っていると言いたいのだろうか。

必ずしもそうではない。彼によれば、ニュートン力学の体系は、世界のあり方を具体的に記述する形式のひとつである（六・三四一節）。力学には、ニュートン力学以外にも相対論力学など複数の体系が存在するが、いずれにせよそれらは、「我々が世界の記述に必要とするすべての真なる命題を、一個の計画に従って構成しようとする試み」（六・三四三節）である。言い換えれば、「力学は、世界を記述する命題のすべてが所定のいくつかの命題——力学の公理——から所定の仕方で形成されなければならないと主張する」（六・三四一節）ものにほかならない。たとえばニュートン力学であれば、「物体は外力の作用を受けない限り、静止または等速度運動の状態を続ける」といった諸命題を公理として置き、それらに基づいて世界を記述しようとするのである。

重要なのは、広い意味で何らかの因果的関係と呼びうるものを持ち出さずに、世界のあり方を具体的に記述することはそもそも困難だ、ということである。論理空間という無時間的な空間であれば、それを記述するのに因果的関係は不要である。要素命題すべてを並べれば——それは我々には原理的に不可能なのだが——論理空間全体を記述したことになる。しかし、時間の推移とともに我々が生きる、現実のこの世界に関しては、原因と結果という関係性の下で個々の事態の成立や、時間的に前後する個々の事態間の関係を記述する必要が出てくる。ニュートン力学は、そうした記述を可能にする形式のひとつなのである。

世界記述の形式それ自体を、世界のあり方のひとつとして語ることはできない

そして、このことは裏を返せば、世界のあり方を具体的に記述する形式はひとつだけではない、ということでもある。力学の体系に絞っても、前述のとおり相対論力学や量子力学など多様な体系が存在するし、量子力学に至っては、もはや因果的決定論ではなく、非決定論あるいは確率的決定論と呼ぶ方が適当だろう。すなわち、未来にどのようなことが生じるかは現在までの事実から因果的に一義的に決定されているのではなく、生じる確率

が決定されているにすぎない、という見方である。

　さらに、そうした力学の体系に拠《よ》らずとも、我々は世界をある意味で因果的に語ることができるし、現に語ってきた。たとえば、「神が大洪水を起こした」とか「雷は神の怒りによるものだ」といった語り方は、神の摂理による決定論ないし運命論に属するものだと言えるだろう。また、我々はしばしば、「手をあげようという私の意志によって、私の手があがった」といった語り方もする。これは、自由意志によって特定の事態が成立するという因果的関係を認める非決定論的な世界記述の形式だと言えるだろう。

　では、これらの形式のうちのどれが真の形式なのだろうか。ウィトゲンシュタインによれば、それは語りえない。自由意志は存在するのだろうか。それとも、存在するのは自然法則のみなのだろうか。すなわち、世界は自然法則に支配されているのだろうか。それとも、自由意志と自然法則はともに存在するのだろうか。神についてはどうだろうか。神の摂理は存在するのだろうか。——これらの問いに、我々が答えを与えることはできない。神の自然法則の存在、あるいは、自由意志や神の摂理等の存在は、そうした世界記述の形式に従って世界のあり方が具体的に語られるということにおいて暗に示されるものであり、それら自体の存在や非存在について明示的に語りうるようなものではないのだ（六・三六節）。

　繰り返すように、何らかの因果的関係を語ることなしに——つまり、何らかの因果的な記述の形式に従うことなしに——世界の諸事実が具体的にいかに生じるかを記述することは困難である。ただ、その形式はただひとつとは限らない。むしろ我々は、記述の目的等に応じて、多様な形式を使い分けているとも言えるのである。

世界記述の各形式は、説明の終端である

しかし、現代の人々の多くはこの点を看過しているとウィトゲンシュタインは批判している。いま、人々の多くは言うなれば科学主義に染まっており、自然法則こそが唯一の真正な形式であると見なしている。つまり、「自然法則ですべてが説明される」(六・三七二節)——世界のすべての出来事は自然法則に従ったかたちで語られうる——と見なしている。

だが、それは錯覚だとウィトゲンシュタインは言う(六・三七一節)。事態と事態の間に、他様ではありえない必然的な関係が存在するわけではない。繰り返すように、論理空間という次元において眺めるならば、あらゆる事態の成立は偶然の所産である。ある事態が成立したために、他の事態が必然的に引き起こされる、ということなどありえないのだ。たとえばニュートン力学は、あくまでも、そうした必然的関係が存在するという作業仮説——そうした必然的関係が行き渡るものとして世界の諸事実の一切を記述するという計画——に基づいて、その計画を具体的に実行していく試みにほかならない。そして、この試

みにとって肝心なのは、世界の諸事実をよりきめ細かく記述するとか、よりシンプルに記述するといった、実り豊かな成果を実際に出すことであり、当の作業仮説ないし計画が本当に正しいかどうか――つまり、他の作業仮説ないし計画はみな間違っているかどうか――という点に白黒をつけることではないのである。

そして実際、世界は、自然法則とは異なる形式に従ったかたちでも語られうる。古代の人々は、神の御《み》業《わざ》や運命の働きとして、諸事実がいかに生じるかを説明していた。そして、彼らにとって神や運命は、自分たちではそれ以上説明できない、まさしく神秘にほかならなかった。つまり、彼らはそこで説明が尽きるということ、それ以上は語りえないということを、はっきりと認めていた。神や運命とはその場合、世界のあり方を記述するための形式であり、それゆえ、その形式自体については――すなわち、神や運命の存在については――世界のあり方のひとつとして語ることはできない。神や運命は、その意味で、説明の終端なのである。

そして、全く同じことが自然法則についても当てはまる。しかし、現代の人々の多くは、そのように説明が尽きる地点があることを看過している。言い換えれば、語りえないことがあることを自覚せず、自然法則ですべての出来事が語られうると漠然と考えている。その点に関しては、「古代の人々は説明が尽きる地点をはっきりと認めていた分、より明晰であった」（六・三七二節）、そう彼は指摘するのである。

§32 意志と世界——六・三七三〜六・四三節

【抜粋】

六・三七三　世界は私の意志から独立である。

……

六・四　すべての命題は等価値である。

六・四一　世界の意味は、世界の外になければならない。世界のなかではすべてがあるようにあり、なるようになる。世界のなかには価値は存在しない。また、仮に存在したとしても、それは価値と呼べるものでは全くないだろう。

価値と呼べるものがあるならそれは、生起すること、かくあることすべての外になければならない。なぜなら、それらはすべて偶然的だからだ。

それらを非偶然的とする何かは、世界のなかにはない。世界のなかにあるとすれば、それもやはり偶然的であることになるからである。

それは世界の外になければならない。

六・四二　したがって、倫理学の命題も存在しえない。

命題は、より高い次元を何も表現できない。

六・四二一　倫理が言い表せないことであるのは明らかだ。

倫理は超越論的である。

（倫理と美はひとつである。）

六・四二二　「君は……をしなければならない」という形式の倫理法則が立てられたとき、まず念頭に浮かぶのは、「では、もし私がそれをしなかったらどうなるのか」という考えである。しかし、倫理が通常の意味での賞罰と無関係なのは明らかだ。それゆえ、行為のこの種の帰結に関する問いが重要であってはならない。——少なくとも、出来事〔＝行為の結果〕が、行為の帰結〔＝行為に対する倫理的賞罰等〕であってはならない。なぜなら、上述の問いにも幾分は正しいところがあり、確かにある種の倫理的賞罰は存在しなければならないが、しかし、それは当の行為自体のうちに存在しなければならないからである。

（そして、賞が快いものであり、罰が不快なものでなければならないのも、明らかである。）

六・四二三　倫理的なものの担い手たる意志については語りえない。
そして、現象としての意志は、心理学の関心を惹くにすぎない。

六・四三　善き意志や悪しき意志が世界を変えるといっても、それはたんに世界の限界のことであって、事実を変えられるというわけではない。言語で表現しうることを変えられるわけではないのだ。

要するに、そのとき世界は、そうした意志によってそもそも別の世界になるのでなければならない。世界はいわば全体として弱まったり強まったりするのでなければならない。

幸福な世界は、不幸な世界とは別の世界である。

【解説】

偶然性への抵抗

この§32で扱う各節で、ウィトゲンシュタインは倫理や美といった価値をめぐる主題にも踏み込んでいく。

先にも確認したとおり、ウィトゲンシュタインによれば、必然的と呼びうるのは論理的な必然性のみであり、論理の外ではすべてが偶然である（286頁）。すなわち、ニュートン力学や神の摂理といった、特定の世界記述の形式の内部から眺めるのではなく、論理空間という次元において眺めるならば、世界のうちのいかなる事態も、偶然に成立したりしなかったりするにすぎない、ということになる。

「世界のなかではすべてがあるようにあり、なるようになる」(六・四一節)。世界のなかではすべてはただただ偶然に生起するにすぎない。世界がかくあることには何の根拠もない。だとすれば、たとえば「君は自首をしなければならない」とか「私は彼女の命を救わなければならない」といったこと——論理的必然性とは区別される、いわば実践的必然性——も、世界のなかには当然存在しないことになる。

同じことは、美的必然性とも呼びうるものにも当てはまる。たとえば、ある楽曲について、人はときに、「ここでこの主題が繰り返されなければならない」とか「このサビはこう歌われなければならない」といった言い方をする。また、詩の一節などについても、「ここにはこの言葉でなければならない、他の言葉ではどうしても美しさが損なわれる」などと言う場合がある。こうした物言いも、実は、世界のなかの事態を有意味に語るものではないことになる。

我々が倫理的な事柄や美的な事柄について語るときには、いま見たように、かくあらねばならないという必然性への要求を語ることもあれば、そこまで強くはない、控えめな要求を語ることもある。たとえば、かくあるべきだとか、かくあるのがよい、正しい、といった要求である。いずれにせよ、それらの要求に共通しているのは、偶然性への抵抗である。たとえば、犯罪に手を染めた者が自首をするという事態は、たまたま成立したりしなかったりするようなものであってはならない。この事態は成立しなければならない（あるいは、成立すべきである）、我々はときにそう求めるのである。

相対的価値と絶対的価値

このように偶然性に抵抗するとき、我々は特定の事態そのものに価値を置き、真に意味があると見なしている。いまの例で言えば、犯罪者が自首をすることは、それ自体が価値あることであり、意味のあることだと我々は捉えている。もちろん、この場合の「意味」とは、命題が描き出す事態や真理条件といったものを指すのではなく、むしろ事態の重要性や意義といったものを表している。すなわち、「人生の意味とは何か」とか、「君のしていることに意味はあるのか」などと言われる場合の「意味」である。

では、こうした意味での「意味」や「価値」を特定の事態そのものに認めるというのは、具体的にはどういうことなのだろうか。

たとえば、犯罪者に対して我々が、「君は自首をしなければならない」とか、「自首をするのが正しい（よい）」などと言うとき、我々は一方では、自首をすることそれ自体に価値を認めているわけではない場合がある。それこそ、「減刑される可能性を高めるためには、君は自首をしなければならない」という風に、他の目的のための手段として自首が勧められる場合である。こうした場合、たとえば裁判官を買収するなどして、減刑を得るという目的が他の手段によってより確実に達成できたり、あるいは、三食にありつくためにむしろ刑務所に長く留まりたいなどと思っていて、そもそもこの目的を望んでいなかったりするのであれば、自首をするというのは価値を失うことになる。言い換えれば、こうした場合の「しなければならない」とか「するのが正しい（よい）」というのは、目的が何かによって変化しうる手段的な価値ないしは相対的な価値を表す、ということである。

そして、これとは反対に、他の目的のために自首が勧められるのではなく、自首をすること自体が自己目的的に勧められることがある。すなわち、減刑を得られようが得られまいが、そんなことは関係ない。君は大変な罪を犯した。せめて、逃げるのではなく潔く自首をしなければならない。それが人として正しい道なんだ――そのように倫理的な意味合いで説かれることもあるだろう。こうした場合には、自首することは、繰り返すように他の目的のための手段ではないから、他の手段と相対的に価値が生じたり、失われたり、あるいは上昇したり低下することはない。無条件に、非相対的に、つまり絶対的に、自首するのが正しいと言われているのである。

相対的価値は語りうるが、絶対的価値は語りえない

いま確認したポイントを、六・四二二節のウィトゲンシュタイン自身の叙述に沿って辿り直してみよう。「君は自首をしなければならない」という風に、いわば実践的な必然性が要求されたとき――ウィトゲンシュタインはこれを、「倫理法則が立てられたとき」（六・四二二節）と表現する――、そう言われた方の念頭には、「では、もし私が自首をしなかったらどうなるのか」という考えが浮かびもするだろう。しかし、こうした結果、つまり、自首をしないことでどのような不利益（刑罰等）を被り、逆に自首することによってどのような利益（減刑などの報賞）を得られるかということは、自首することに倫理的な重要性が置かれ、そのこと自体に絶対的な価値が見出されている場合には、何ら重要なものであってはならない。むしろ、自首することやしないことに伴う賞罰があるとすれば、「それは当の行為自体のうちに存在しなければならない」（同節）のである。すなわち、自首すること自体が当人にとっての報賞なのであって、他の報賞を得るための手段であってはならない、ということである。実際、何か他の報賞を得るための手段として、人に認められたり称賛されたりすることを行うとすれば、それはまさに「偽善」と呼ばれるだろう。

そして、倫理がこうした絶対的な価値として特徴づけられるのであれば、「倫理が言い表せないことであるのは明らかだ」（六・四二一節）[1]。というのも、ある事柄がなぜ絶対的な価値をもつかは、究極的には語りえないからである。たとえば、自首することがなぜ

（倫理的に）正しいのかという問いに答えることはできない。それこそ、「自首するのが正しいのは、自首するのが正しいからだ」という風に、同じ言葉を反復するしかないだろう。あるいは、同様に何か絶対的価値を示唆するような他の緒命題との循環的な説明とならざるをえないだろう。

逆に言えば、相対的価値に関しては根拠を与えることが可能だということである。たとえば、減刑を得るためには自首するのが有利だ、という意味合いで「自首するのが正しい」と言われるときには、なぜそれが正しいのかと問われた場合、そのいわば外的な目的を語ることが答えとなる。すなわち、「自首するのが正しいのは、そうする方が減刑を得る確率が高まるからだ」と語ることができる。しかし、そのように他の目的が存在せず、自首すること自体が目的である場合には、当然、「なぜ？」に対する答えも存在しえないのである。

倫理や美は語りえない

いま見たように、相対的価値に関して言えば、何かをしなければならない（すべきだ）とか、何かが正しい（よい）といった主張を正当化する理由は、その主張を支持する事実や事実の予想といったものを提示することによって説明される。つまり、「減刑を得るためには自首するのが有利だ」という事実の予想を基にして、自首するのが正しいということの理由が説明される、という具合である。

しかし、根拠への問いはそこで止まるわけではない。というのも、そもそもなぜ減刑を得るべきなのか、減刑を得ることはなぜよいのか、という問いがなお残っているからである。この問いに対して、たとえば「刑務所の外で暮らしたいから」という答えが提示されるかもしれない。そして、その場合にはさらに、「刑務所の外で暮らす」ということがなぜよいのか、という問いが向けられうるだろう。いずれにせよ、「減刑を得る」とか「刑務所の外で暮らす」といった事実（あるいは成立しうる事態）をどれほど並べても、そのことの価値という肝心なものを語ることは究極的には不可能である。

同じことは、美的な価値をめぐっても確認できる。たとえば、「この椅子は可愛い」という命題に対して、「なぜ可愛いのか」とか「可愛いとはどういう意味か」という問いが向けられたとしよう。すなわち、「可愛い」という言葉の内実を問われたとしてみよう。このとき、「この椅子はピンクを基調にカラーリングされている」とか、「この椅子は形状が丸みを帯びている」といった事実をいくら並べたとしても、当該の椅子が（先に「可愛い」という言葉で示唆されようとしていた）特定の何らかの価値をもつことそれ自体は語れていない。実際、ピンクのカラーリングをあざといと感じたり、丸みを帯びた形状を醜悪と捉える人もいるだろう。つまり、世界のなかで成立したりしなかったりする事態それ自体が必然的に何らかの価値を担うことはない。「世界のなかには価値は存在しない」（六・

四一節)。そして、命題とは事態を表現するものである以上、倫理や美を直接表現する命題など存在しえない(六・四二節)。つまり、それらは語りえない。

倫理は超越論的である

ところで、ウィトゲンシュタインは六・四二一節において、「倫理と美はひとつである」とコメントしている。これはおそらく、美しいものは倫理的(道徳的)に善と見なされる要素を必ず含んでいる、といった類いの主張ではない。そうではなく、『論考』において彼が、倫理というものを比較的広い意味で用いていることを表すコメントだと言えるだろう。つまり、他の何かの手段としてよいのではなく、それ自体としてよいもの、真に意味(意義、重要性)のあるもの、絶対的な価値を有するもの――そうしたもの全体を、彼は「倫理」と呼んでいると思われる。だとすれば、彼の言う「倫理」とは、少なくとも形式的には、美のように絶対的価値として追求されるものすべてを含みうると言える(2)。

いずれにせよ、彼にとっての主眼は、そうした意味での倫理――絶対的価値を有するもの――が超越論的だということを明確にする点にある(六・四二一節)。我々は多くの場合、世界のなかの事実や、世界に成立しうる事態を、何らかの価値を反映するものとして捉えている。たとえば、いまテーブルの上にあるパンは、美味しいということを反映するものでありうるし、また、栄養を補給するという目的のための手段でもありうる。前者の場合には、「このパンは美味しい」とはいったいどういう意味かとさらに問われうるし、そのときには、「このパンは甘い」とか「このパンは柔らかい」といった命題に置き換えられることになるだろう。すなわち、「このパンは美味しい」という命題は、そうした事実を表現する命題であることになるだろう。そして、その事実——このパンは美味しい（＝甘い、柔らかい、等々）という、世界の特定のあり方——が何らかの価値を示していることを、おそらく我々の多くは理解できるだろう。また、後者の場合、栄養を補給するというのはさらに、生存するという目的の手段として捉えられるだろう。そして、生存するということ自体に絶対的価値を見出す者もいるだろうし、生存するというのは善き理想を実現するための手段にすぎないと考える者——したがって、善き理想の実現こそが究極の目的であると考える者——もいるだろう。我々はそのように、目的と手段の連鎖の下で、また、それ以上の目的を設定できない絶対的価値との関係の下で世界のあり方を捉え、語る。逆に言えば、何らの価値も前提にすることなく世界のあり方について語るのは、我々には困難ということだ。しかし、その肝心の価値それ自体は、有意味な命題というかたちで語ることができないのである。

世界の外にありつつ、世界全体の強弱を変える意志

「倫理は超越論的である」（六・四二一節）。「世界の意味〔意義、重要性〕は、世界の外に

なければならない」（六・四一節）。この点に絡んでもうひとつ、世界の外に置かれるべきものが存在する。それは、世界のなかの事実に意味や価値を見出す働きそのものである。そうした働きを、六・三七三節以下でウィトゲンシュタインは意志と呼んでいる。そして彼によれば、「倫理的なものの担い手たる意志については語りえない」（六・四二三節）。なぜなら、すでに見たように（§28）、この種の意志をもつ主体である私——形而上学的主体、哲学的自我——の存在は、それ自体として語りうることではないからである。

この点を、もう少し詳しく見てみよう。彼の言う「倫理的なものの担い手たる意志」とは、心理学の関心を惹くような、現象としての意志ではない（六・四二三節）。すなわち、手があがるといった現象を引き起こす、それ自体が世界のなかの現象であるような働きではない。その種の意志であれば、§28（265頁）でも触れたように、『私が見出した世界』という本のなかに記されうる。そうではなく、この『論考』終盤においてウィトゲンシュタインが特に「意志」と呼んでいるものは、まさにその本自体を書く私——形而上学的主体、哲学的自我——が世界を見出すその働きを指す。言い換えれば、私がある価値観の下に世界のあり方を捉えるという認識の作用を指す。ではなぜ、ウィトゲンシュタインはここで、そのような意味での「意志」なるものを持ち出すのだろうか。

〈世界には自由意志による因果性が存在する〉という命題を公理とする世界記述の形式を採用した場合——つまり、自由意志の存在を前提にした場合——、世界のなかの事実のいくつかは、私の意志によって引き起こされたものとして記述される。それゆえ、『私が見出した世界』という本のなかにも、「かくかくの時間にしかじかの場所で、私の手が私の意志によってあがった」といった命題が書き込まれることになる。しかし、そうした特定の世界記述の形式の内部からではなく、論理空間という次元において眺めるならば、世界内のすべては偶然に生起するにすぎない。それゆえ、私の手があがるという事態であれ、あるいは私が自首をするという事態等々であれ、私の意志によって引き起こされるということもありえない。

つまり、論理空間という次元において眺めるならば、「世界は私の意志から独立である」(六・三七三節)。私の意志が働き、世界のなかに何らかの事態が成立する、ということはありえない。意志によって事実が変えられることはない(六・四三節)。しかし、それでも、世界と生とはひとつであり、生とは他ならぬ私の生なのであるから(260頁)、私がどのようなものに絶対的価値を認め、その価値観からどのように世界を認識するかに応じて、言うなれば世界の明暗が変わる。すなわち、ある価値を反映しているものとして世界全体が明るく照らし出されたり、あるいは暗い陰影をまとうようになる。繰り返すなら、この認識作用を、六・三七三節以下でウィトゲンシュタインは「意志」と呼ぶのである。

それゆえ、この意味での私の意志は、それが善きものであろうが、あるいは悪しきものであろうが、世界内の内容を何も変えはしない。すべてはあるようにあり、なるようになる。私の意志が変えるのは世界の明暗であり、ウィトゲンシュタイン自身の表現を用いれば、世界の強弱である。意志によって、「世界はいわば全体として弱まったり強まったりするのでなければならない」（六・四三節）。そして、彼はさらにその違いを、不幸な世界と幸福な世界の違いに直結させている（同節）。

幸福な生のア・プリオリな条件

なぜ、意志によって世界の強弱（あるいは明暗）が変わるということが、幸福と不幸というものの違いに結びつくのか。この最後のポイントは、『論考』の記述を追う限りでは読み取れない。ただし、『論考』の草稿のなかから、この点に関するヒントを得ることができる。以下の一節である。

　人間は自分の意志を働かすことはできないのに、他方この世界のあらゆる苦難をこうむらねばならない、と想定した場合、何が彼を幸福にしうるのであろうか。
　この世界の苦難を避けることができないというのに、そもそもいかにして人間は幸福でありうるのか。
　まさに認識に生きることによって。（「草稿一九一四―一九一六」奥雅博訳、〈ウィトゲンシュタイン全集1〉、大修館書店、一九七五年、269頁）

この一節において彼は、幸福であることのア・プリオリな条件を探っていると言えるだろう。すなわち、考えうる限り幸福とは最も無縁な状況を想定したうえで、それでもなお幸福と呼びうる最低限の条件を、彼は探っている。具体的には、自分の意志によって世界のあり方は何ら変えられないということを前提にし、さらに、あらゆる苦難に自分が避けがたく見舞われると想定する。そのような最も厳しい状況下ですら、彼によれば、幸福な生は可能だという。それは言い換えるなら、どれほど困難な状況に置かれている人であっても救われうる、ということだ。では、その可能性はどこにあるのか。それは、認識の生を送ることだと彼は言う。

どんな苦難に翻弄されようとも動揺せず、世界の出来事の一切を理《ことわり》や運命、神の計らいなどとして捉え、泰然と受けとめる。そして、この種の認識のありように、人の生を善き生たらしめる完成された徳と同時に、確固とした幸福を認める。――これは古代ギリシア以来散見される人生観・幸福観である。ウィトゲンシュタインが、徳や幸福に対するこの伝統的な見方に、ここでどこまで接近しているかは定かではない。しかし、彼が、古代の人々に近い地点で立ち尽くしていること、そして、その地点を自分の力（意志）の及ばない神や運命という名で捉える彼らの眼差しと、何ほどか共通した認識の下で生きようとしていることは間違いない。すなわち、論理空間という次元において、「あるようにあり、なるようになる」世界の実相を全体として直観することである。

ではなぜ、そうした認識の生――古代ギリシア人ならば、おそらく観想（テオーリア）の生と呼んだであろうもの――は幸福な生と呼びうるのだろうか。たとえばアリストテレスは、完全な幸福とは他ならぬ観想の生であると説いた（『ニコマコス倫理学』第十巻第六章以降）。しかしそれは、あくまでもアリストテレスの議論であり、彼の倫理学体系の内部から出てきた結論にほかならない。ウィトゲンシュタイン自身はいったいどのような理由で、認識の生に幸福な生のア・プリオリな条件を見ているのだろうか。

これに対する答えは、次の§33において、「永遠の相の下に世界を捉える」とウィトゲンシュタインが呼ぶ認識のありようを跡づけた後ではじめて見えてくるだろう（322頁）。その帰趨を、我々はもうすぐ見届けることができる。ただ、その前に、『論考』がもうひとつ新たな主題に踏み込んでいる箇所を見ておく必要がある。その主題とは、死である。

（1）「絶対的」という言葉は、ときに「普遍的」とか「一般的」といった意味として捉えうる場合もあるが、ここでは、少なくともある人物にとって（たとえば私にとって）それ自体が目的であり、他の目的の手段としては位置づけられないこと、あるいは、内在的な価値をもつといったことを指す。

（2）実際、後の「倫理学講話」において彼は、倫理学というものを、一般に美学と呼ばれるものを含む広い意味で用いていると説明している。そのうえで、「倫理学とは、価値あるものへの探究、あるいは、真に重要であるものへの探究である」と述べ、さらに、倫理学は相対的価値の判断ではなく絶対的価値の判断を扱うものだと指摘している。その詳細については、本書コラム②「倫理学講話」（255頁）を参照してほしい。

§33　永遠の相の下に——六・四三一〜六・五二二

【抜粋】

六・四三一　同様に、死によっても世界は変わらない。終わるのである。

六・四三一一　死は人生の出来事ではない。人は死を経験しない。

永遠というものが、時間の無限の持続のことではなく、無時間性と解されるならば、現在に生きる者は永遠に生きる。

我々の生には終わりがない。我々の視野に限界がないのと同様に。

六・四三一二　人間の魂が時間的に不死であること、すなわち、魂が死後も永遠に存続することは、いかなる仕方でも保証されない。それどころか、保証されたと仮定したところで、それによって期待されていることは何も達成されない。私が永遠に生き続けるとして、はたして謎は解決するだろうか。その永遠の生もまた、現在の生と全く同様に、謎に満ちたものではないのか。時間と空間のうちにある生、その謎の解決は、時間と空間の外にある。

（解決されるべきは、実際、自然科学の問題ではない。）

六・四三二 世界がいかにあるかというのは、より高い次元からすれば全くどうでもよいことである。神は世界のなかにはあらわれない。

六・四三二一 事実はすべて、問題を与えるだけであり、その解決を与えはしない。

六・四四 世界がいかにあるかが神秘なのではない。世界があるという、そのことが神秘なのである。

六・四五 「永遠の相の下に（sub specie aeterni）」世界を直観するとは、世界を全体として――限界づけられた全体として――捉えることにほかならない。

限界づけられた全体として世界を感じることが神秘なのである。

六・五 答えを言い表すことができないならば、問いを言い表すこともできない。

謎は存在しない。

問いを立てることができるのであれば、答えも与えることができる。

六・五一 懐疑論は論駁不可能なのではない。懐疑論は、問うことのできないところで疑おうとするがゆえに、明らかに無意味なのである。

実際、問いが成り立つところでのみ、疑いも成り立ち、答えが成り立つところでのみ、問いも成り立つ。そして、答えが成り立つのは、何ごとかが語られうるところに限られる。

六・五二　たとえ可能な科学の問いがすべて答えられたとしても、自分たちの生の問題は依然として全く手つかずのまま残される、そう我々は感じる。もちろん、その場合にはもはや問いは何も残っていない。そして、まさにそれが答えなのである。

六・五二一　人は、生の問題が消滅したとき、この問題が解決されたことを悟る。（長い懐疑の末に生の意味をはっきりと見出した人々が、なおその意味を語ることができない理由は、ここにあるのではないか。）

六・五二二　ただ、もちろん、言い表しえないことは存在する。それはおのずと示される。それは神秘である。

【解説】

私の死は、私の世界（＝私の生）のなかの出来事ではない

「死は人生の出来事ではない。人は死を経験しない」（六・四三一一節）。そうウィトゲンシュタインは語り出す。ただ、もちろん、他者の死に関しては、我々は人生のなかで経験

する。死は人生の出来事ではないと言うときにウィトゲンシュタインが指しているのは、他ならぬ自分自身の死である。

私は、自分が死んだという事態を決して経験することができない。というのも、それを経験するためには、私は自分の死の前後を見届けることができなければならない——したがって、自分の死後も生きているのでなければならない——からである。死につつ生きている、というのは端的な矛盾であり、そうである以上、自分の死というのは自分の生のなかの出来事ではありえないのである。

これに対して次のような反論が出てくるかもしれない。もしも、私を私たらしめているのが私の身体ではなく私の魂であり、そして、身体が朽ちた後も魂は永遠に存続するのだとしたら、私は自分の死を経験できるのではないか。つまり、自分の身体が不可逆的に機能を停止し、火葬場で焼かれて骨となる過程を、私はいわば霊的存在として見届けることができるのではないか。

確かに、そのような可能性は排除されない。身体と魂は分離可能かもしれないし、魂は不死であるのかもしれない。それは誰にも分からない。しかし、仮にそれらがすべて真だと仮定してみても、事情は本質的には変わらない。なぜなら、その場合には、私は永遠に生き続けることになるからだ。決して死ねない場合にも、やはり、死を経験することはできないのである。

生きることそれ自体の問題は、生き続けるということによっては解決しない

我々は、人生のなかで他者の死を経験しながら、自分の死についてときに思いをめぐらせる。すなわち、いつ訪れるとも知れず、しかし、いつか必ず訪れるものについて、遣り場のない怖れや不安とともに、答えのない思いにとらわれる。それは、死ぬということそれ自体に対する恐怖の念や、親しい者への惜別の念、あるいは、どうあっても結局は死を迎える人生というものの意味に対する疑念など、様々な思いが交錯したものでありうる。自分の死とは、人生を不可解なものにしている非常に大きな要因であるとも言える。

そして、そうした不安や恐れなどから逃れようとするとき、人は魂の不死や死後の世界の想定へと向かうかもしれない。死という契機が人生に謎をもたらしているのならば、魂の不死こそが謎の解決となるのではないか、と考えるかもしれない。しかし、魂が不死であるとは、繰り返すように、永遠に生き続けるということである。それによって、死への恐怖や不安はなくなるだろうが、逆に、死ねないことへの恐怖や不安、生き続けることの耐えがたい退屈さといった問題が、新たに生まれるだろう。また、親しい者との惜別の念や、生きることの意味への疑念についても、生き続ける者は、それらから解放されるどころか、苦悩はむしろより深まるかもしれない。他者が死ぬのを永遠に見届け続ける生に、終わりを迎えない生に、はたして意味はあるのか、そう絶望するかもしれない。それとも、

他者も自分と同様に永遠に生き続けるのだろうか。しかし、その場合、他者とともに永遠に暮らし続けることによって、どれほどの煩わしさや面倒や苦悩がもたらされるだろうか。その生にどれほどの意味を見出すことができるだろうか。

いずれにせよ、自分が永遠に生き続けると仮定したところで、「それによって期待されていることは何も達成されない」(六・四三一二節)。そのつど我が身を煩わせる個別の問題が、仮にすべて解決する空白の時間が訪れたとしよう。それでも、我々は今度は、倦怠と虚無という最も恐ろしい問題に襲われることだろう。人生の問題とは、まさに生きることそれ自体の問題である。なぜ我々は生きているのか、という問題である。たとえその生が永遠に続くものだとしても、「その永遠の生もまた、現在の生と全く同様に、謎に満ちたものではないのか」(同節)、そうウィトゲンシュタインは指摘するのである。

言い表しえないことを問うことはできない、しかし言い表しえないことは存在する

人生とは、生きることとは、それ自体が不可解な謎である。そして、ウィトゲンシュタインの言うように「世界と生はひとつである」のならば、世界がいかにあるかということ——たとえば、私がある時期に寿命を迎えるか、それとも永遠に生き続けるかといったこと——も、それ自体が不可解な謎を提示するものであって、謎に解決を与えうるものではありえない(六・四三一二節)。

したがって、自然科学をはじめとする諸科学によって、生きることの謎が解決されることはない。「たとえ可能な科学の問いがすべて答えられたとしても、自分たちの生の問題は依然として全く手つかずのまま残される」（六・五二節）のである。なぜなら、諸科学とは、世界のあり方（時間と空間のうちに生起しうる事態）を問い、それに答えを与えようとする営みだからである。

しかし、諸科学が答えることが原理的に不可能だというのは、言い方を変えれば、答えを有意味な命題として語ることはそもそも不可能だということである。そして、そのように「答えを言い表すことができないならば、問いを言い表すこともできない」（六・五節）。その意味では、生きることの謎というものは存在しない（同節）。というのも、有意味に言い表すことができない問いを立てるというのは、事実上何も内容のない、明らかに無意味な営みだからである（六・五一節）。

それゆえ、生の問題の解決は、問題自体の消滅というかたちで果たされるしかない（六・五二一節）。すなわち、〈謎は元々存在しなかった〉というかたちではじめて謎は解決される。何らかの事実が科学的に発見され、何らかの命題が真と確認されることによって、生の問題が解決されるわけではない。生の問題は、そもそも問題として有意味に語ることができるものではないと悟ることによってのみ、解決（消滅）するのである。

しかし、だからといって、言い表しえないことが存在しないことになるわけではない。

むしろ、生の問題、生きることの謎とは、我々にとって極めてアクチュアルでリアルなものであり、その意味では明らかに存在する。「もちろん、言い表しえないことは存在する」（六・五二二節）のである。ただ、「それはおのずと示される。それは神秘である」（同節）とウィトゲンシュタインは強調する。繰り返すように、生の問題について語ることはできない。たとえば、「長い懐疑の末に生の意味をはっきりと見出した人々」（六・五二一節）も、それがどれほど確かな実感であろうとも、その意味を有意味な命題として語ることはできない。逆に、そうやって語りうるようなものであれば、人生に意味を与える絶対的価値の役は担えない、ということなのである。

「世界がある」ことの無意味と意味

もっとも、ウィトゲンシュタインは六・四四〜四五節において、いかなることが神秘であるかについて実際に語っている。それは、世界があることである。すなわち、「世界がいかにあるかが神秘なのではない。世界があるという、そのことが神秘なのである」（六・四四節）と、彼ははっきり述べるのである。

§27ですでに確認したように（248頁）、「世界がある」という場合の「世界」とは、便宜的にそう名指されているだけであり、何か特定の対象（正確には、諸対象、対象の集合）を指す語ではない。とにかく何かが存在すること、あるいは、ただ単に存在するということ、あるということを、我々は「世界がある」という命題で表現しようとする。その意味で、世界とは無限定の対象、限界づけられるはずのない対象である。

しかし、これも§27で詳しく見たように（250頁）、「世界がある」というのは実のところは命題もどきであり、何の事実も写し取っていない。無限定の対象、限界づけられるはずのない対象、あらゆる対象を含むことができてしまう対象なるものは、そもそも対象でも何でもないのだ。そして、にもかかわらず、我々は世界が存在することに驚く。限界づけられるはずがないものを、限界づけられた全体として――「世界」と呼ばれるような何かとして、そう名指される一個の対象のようなものとして――感じる。すなわち、「限界づけられた全体として世界を感じる」（六・四五節）。このとき、そう感じている者にとっては、「世界がある」というのは相変わらず意味はない（＝いかなる事態も描き出していない）が、しかし、意味はある（＝重要性ないし意義がある）。

現在に生きる者は永遠に生きる

では、より具体的には、それはどのような意味（＝重要性、意義）なのだろうか。ウィトゲンシュタインによれば、限界づけられた全体として世界を感じるとは、「「永遠の相の下に（sub specie aeterni）」世界を直観する」（六・四五節）ことにほかならない。「永遠の相の下に」という言葉自体はスピノザの『エチカ』（第五部定理三〇）から引かれたものであり、スピノザ独特の汎神論を背景にし、世界そのものである神の認識を指す。だがここでは、スピノザや、その影響を受けたショーペンハウアーの思想といったものと直接結びつけるよりも、『論考』において繰り返し示されてきた枢要な観点と重ね合わせるのが適当だろう。すなわち、永遠の相の下に世界を直観することとは、論理空間という次元で世界を眺めることとして解釈できるだろう。実際、ウィトゲンシュタインは『論考』の草稿にこう記している。

永遠の相の下で見られるものは、全論理空間〔論理空間全体 der ganze logische Raum〕と共に見られたものである。（「草稿一九一四―一九一六」奥雅博訳、〈ウィトゲンシュタイン全集1〉、大修館書店、一九七五年、273頁）

論理空間という次元で世界を眺める、とは、世界を無時間的に捉えるということである。すなわち、ある事態が生起したり、逆に消滅したりといった、時間的推移や因果的関係のなかで世界を捉えるのではなく、むしろ、可能なあらゆる事態を一挙に全体として捉えるということである。そして、それはいまや、限界づけられた全体として世界を感じること――「世界がある」こと、ないしは単に「ある」ことを直観すること――として言い換えることができるだろう。というのも、「世界がある」とか「ある」というのは、§27でも見たように（249頁）、可能なあらゆる事態を織り込んで許容する以上、世界があることの直観も、それら一切を一挙に全体として捉えることになるからである。

以上の洞察と共通するものは、実は哲学のはじまりとともにすでに見られるように思われる。古代ギリシアのパルメニデス（紀元前五世紀）による一篇の哲学詩（断片8）を、ここで見てみることにしよう。

……あるとは、不生にして不滅である
なぜなら、それは全体としてあり、不動で終わりがないのだから
またそれは、あったのでもなく、あるだろうこともない　なぜなら、いま、一挙に、すべて
一つのもの、つながり合うものとして、あるのだから

パルメニデスが言うように、「ある」というのは常に現在形である。つまり、「あった」のでもなく、「あるだろう」というのでもない。その意味で、「ある」ことそれ自体は決して生起も消滅もせず――つまり、「不生にして不滅」であり――推移や終わりもない。そして、「ある」とは、全体論的に連関し合う事態の一切を含むという意味で、まさにいま、一挙に、ひとつの全体としてある。論理空間という次元で世界を眺めるとは、あるいは、

永遠の相の下に世界を直観するとは、このような意味での「ある」ことの直観だと言えるだろう。

なるほど、世界と生がひとつであり、生とは他ならぬ私の生であるのならば、私の死によって世界は終わる（六・四三一節）。ただし、永遠の相の下に世界と生を捉えるならば――そうした認識の生を送るならば――、そこには限りも終わりもない。私の世界も生も、現在形であり続ける。はじまりも終わりもないものとして、いま、一挙にすべて、つながり合う全体としてある。その意味で、「現在に生きる者は永遠に生きる」（六・四三一一節）のである。

認識の生はなぜ幸福な生と言えるのか

永遠の相の下に世界を直観する者は、いわば永遠の今たる現在に生きる。このことは、前のセクションの最後に積み残した問題（§32：309頁）、すなわち、認識の生はなぜ幸福な生と言えるのか、という問題に対するウィトゲンシュタインの回答ともなっている。

現在に生きる者に死は存在しない。したがって、死に対する恐れも存在しない。それだけではない。現在に生きる者は、およそ恐れることにも、さらには希望することにも、一切無縁なはずである。なぜなら、恐れることも、希望することも、今現在より先の時間を見遣ることだからである。恐れる者や希望する者は、未来において恐れの原因を克服したり、希望を叶えたりしない限り、満足することはない。言い換えれば、克服したり叶えたりする特定の課題を抱えている者は、今現在の時点で幸福ではないということである。

それゆえ、いかなる状況下でもア・プリオリに幸福である者とは、恐れや希望を抱かず、ただ現在に生きる者でなければならない。『論考』の草稿のなかで、ウィトゲンシュタインは次のように綴っている。

幸福な人は現に存在することの目的を満たしている……。

あるいは、生（きること）のほかにもはや目的を必要としない人、即《すなわ》ち満足している人は、現に存在することの目的を満たしている、と語ってもよいであろう。（「草稿一九一四―一九一六」奥雅博訳、〈ウィトゲンシュタイン全集1〉、大修館書店、一九七五年、255頁）

現在の中で生きる人は、恐れや希望なしに生きる。（同書、260頁）

たとえ死を前にしても、幸福な人は恐れを抱いてはならない。……現在の中での生にとって、死は存在しない。（同書、257頁）

ただし、「生きることのほかにもはや目的を必要としない者」といっても、それは、今・現在だけでなくこれからも生存するため（生き残るため）に生きる、ということではない。現在に生きる者には、未来にかかわる一切の目的も、その目的を果たそうとする意志も存在しない。しかし、ある種の意志は存在する。それこそが前節（307頁）で言及した、世界の強弱ないし明暗を変える意志にほかならない。

それに応じて世界全体が強まり、明るくなるような、世界の外にある意志。その意志とは何かについてのウィトゲンシュタインの考えは、もはや明白であるように思われる。それはまさに、永遠の相の下に世界を捉える意志、すなわち、世界が存在することを神秘として捉える意志であり、そのような認識の生を送る意志である。

これまで繰り返し確認したように、世界が存在することを神秘として捉えるとは、世界内のいかなる事物に対しても、その存在に驚き、その一切をいわば奇跡として認識するということである。実際、『論考』の議論の枠組みを保持していた時期の講演「倫理学講話」（255頁のコラム②参照）において、ウィトゲンシュタインはこう述べている。

> いまや私は、世界の存在に驚くという経験を、それは世界を奇蹟〔奇跡〕としてみる経験である、という言い方で表わすことにしましょう。（「倫理学講話」、〈ウィトゲンシュタイン全集5〉、大修館書店、一九七六年、393頁）

また、同じ講演において彼は、この経験は宗教的言説においては「神が世界を創造し給《たも》うた」（同書、391頁）という比喩で表現されてきたとも述べている。『論考』における以下の一節は、以上の事柄を凝縮して述べたものだと言えるだろう。

世界がいかにあるかというのは、より高い次元からすれば全くどうでもよいことである。神は世界のなかにはあらわれない。（六・四三二節）

世界が存在することは、神秘であり、奇跡である。宗教者ならそれを、神が世界を創造し給うた、などと表現するだろう。ウィトゲンシュタイン自身はキリスト教をはじめとする特定の宗教の教義にはコミットしていなかったと思われるが、[1] いずれにせよ、そのように世界が神秘ないし奇跡として捉えられるとき、世界が具体的にいかにあるかということは全く関係ない。どんな状況であろうと、その一切を驚きをもって受けとめる、ということなのである。

しかし、それは、世界のなかで起こりうるあらゆる悲惨をそのまま肯定し、その意味でそうした事態から目を背けるということにならないだろうか。――これはまさしく一種の神義論（弁神論）につながる問題であり、『論考』の圏内からこの問題に対応すべき部分を見出すのは困難である。とはいえ、少なくともウィトゲンシュタインの思考が、世界内の悲惨な事態を〈未来での栄光のために歓迎すべき美しき試練〉などと粉飾してごまかすものではないことは確かだ。むしろ、どんな事態であっても、そこから目を背けずに、まさにあるがままに捉えるということ、どんな苦難のなかにあっても、私を外部から襲う何かとしてそれらを捉えるのではなく、むしろ世界に生じうる一切を私の一部として受けとめるということが、「世界と生とはひとつである」という、『論考』の基本的な洞察のなかには含まれていると思われる。神秘は神秘にすぎないし、奇跡は奇跡にすぎない。だから素晴らしい（善い、美しい、等々）ということは何も帰結しない。神秘や奇跡が歓迎すべきものだとは限らない。洪水が街を呑み込む事態も、地震が家々を破壊する事態も、人が人を傷つける事態も、あくまでも世界のなかに生起する事実という水準で見るならば、そして、論理空間という次元において眺めるならば、すべてが等しく驚くべきものだ、ということなのである。

　肝心なのは、ウィトゲンシュタインにとって、永遠の相の下に世界を直観する——したがって、現在に生き、世界の一切を神秘として見る——というのは、ア・プリオリに幸福であることの条件、すなわち、ありうる限り最も悲惨と言うべき状況にあってもなお人が救われうる条件だということである。実際には我々の大半は、世界の内にある意志によって、つまり、自由意志と呼ばれるものによって、多かれ少なかれ個別の状況に働きかけ、社会の制度や慣行の修正を求め、より善いと各々が信じる事態をもたらすこと――少なくともそう試みること――ができるだろう。他方、世界の外にある意志とは、あらゆる試みが失敗したとしても、または、そもそもいかなる試みも不可能であり、世界内の事物に指一本触れられない境遇においてすら、世界全体をある意味で変えうるものだ。その意志は、生を私の生たらしめ、私を無二の主体たらしめる可能性を、最も底のところでつなぐものなのである。

結論――謎と答えの一致

生きることはそれ自体が謎である。なぜ生きているのか、生きているとはどういうことかと、人はときに自問する。世界と生とがひとつであるならば、この問いは、なぜ世界は存在するのか、世界が存在するとはどういうことか、という問いとひとつであることになるだろう。そしてウィトゲンシュタインの議論に従うなら、なぜ世界は存在するのか、なぜ私は生きているのかと問うとき、人は、「こういう理由で存在する（生きている）」という答えを期待しているというより、むしろ、世界が存在すること（私が生きていること）に端的に驚いているのである。

特定の理由が語られることによって解決される謎など、ここには何もない。世界と生とを端的に神秘として見ることが、生の謎を解消する根底的な条件であるというのは、つまり、謎が答えそのものであったことに気づくということなのである。

（1）　このことには、たとえば以下の根拠がある。ノーマン・マルコムやG・H・フォン・ライトといった、ウィトゲンシュタインとごく親しい人々の証言（マルコム『ウィトゲンシュタイン――天才哲学者の思い出』板坂元訳、平凡社、一九九八年、102頁、189頁）。あるいは、ウィトゲンシュタイン自身の記述（『哲学宗教日記』鬼界彰夫訳、講談社、二〇〇五年、132頁）。

§34　投げ棄てるべき梯子《はしご》としての『論考』

——六・五三〜七節

【抜粋】

六・五三　語りうること以外には何も語らない。自然科学の命題——したがって、哲学とは何の関係もないこと——以外には何も語らない。そして、誰かが形而上学的な事柄を語ろうとするたびごとに、自分が発している命題のしかじかの記号にその人がいかなる意味も与えていないということを指摘する。これが、本来の正しい哲学の方法である。この方法ではその人は満足しないだろうし、哲学を教わっている気がしないだろう。——しかし、これこそが唯一の厳正な方法だろう。

六・五四　私の諸命題は、私を理解する人がそれらを通り、それらの上に立ち、それらを乗り越えて、最後に、それらが無意味であることを悟ることによって、解明の役割を果たす。（言うなれば、読者は梯子をのぼりきったら、それを投げ棄てなければならない。）

読者は私の諸命題を葬り去らなければならない。そのとき、読者は世界を正しく見るだろう。

七　語りえないことについては、沈黙しなければならない。

【解説】

『論考』のなかで重要なのは、書かれなかった部分である

ついに我々は、『論考』の末尾にまで到達した。まずはその内容を確認していこう。

ウィトゲンシュタインにとって哲学とは「言語批判」に尽きる、ということはすでに確認した（§15：152頁）。自分からは、語りうること以外は積極的に何も語らないこと。すなわち、自然科学をはじめとする諸科学の命題——真なる命題——のみを語ること。そして、他の誰かが、「人生の意味は○○である」とか、「人が従うべき普遍的な倫理は○○である」とか、あるいは、「神は存在する」、「魂は不滅である」、「世界は他ならぬこの私に対して開かれている」等々の語りえないことを語ろうとすれば、そのたびごとにそう指摘すること。すなわち、必要ならば概念記法を用いて命題の論理的構造をより見えやすくし、形而上学——ここでは、経験的な内容をどこまでも超えた世界の本質や原理について論じ

る学問——としての哲学が発している問いがそもそも有意味にはなりえず、したがって答えを与えるのも不可能だと明確にすること。彼によれば、その活動こそが哲学にほかならない。

　もちろん、そのような活動は、「哲学」という名称が呼び起こす深遠さとはほど遠く、むしろ浅薄で瑣末《さまつ》なものに感じられるだろう。「この方法ではその人は満足しないだろうし、哲学を教わっている気がしないだろう」（六・五三節）。しかし、我々はこの活動に踏みとどまらなければならないとウィトゲンシュタインは訴える。ここを越え出て、絶対的に価値があると信じるものについて、あるいは形而上学的主体ないし哲学的自我などについて語ろうとすれば、そのものをむしろ見失ってしまう。価値の根拠が示されれば、それは相対的な価値に堕《だ》してしまうし、逆に、示されなければ、文字通り根拠を失ってしまう。他ならぬこの私の存在の特別さを他者に伝えることができれば、それは自己中心主義の発露になるし、伝えられなければ、それは単なるうわごとになる。詩をパラフレーズすることがその美しさを殺し、ジョークを解説することがその可笑しさを殺してしまうように、語りえないことを饒舌に語れば、いずれにしてもそれを決定的なかたちで損なうことになるのである。

　だから、我々は語りうることだけを語らなければならない。そして、語りえないことを語ろうとする営みを――形而上学としての哲学を――批判しなければならない。実際、ウィトゲンシュタインは、『論考』の出版を模索していた一九一九年当時、ある編集者に宛てた手紙のなかで、自分は『論考』の序文に次のような一文を付そうと考えていた、と述懐している。

私の仕事は二つの部分から成っている。ひとつはここに提示したこと、そしてもうひとつは、ここに書かなかったことのすべてだ。そして、重要なのはこの第二の部分である。(Wittgenstein, Ludwig, *Briefwechsel mit B. Russell, G. E. Moore, J. M. Keynes, F. P. Ramsey, W. Eccles, P. Engelmann, L. v. Ficker*, Suhrkamp, 1997, S.96.)

書こうにも決して書けないこと、語りえないこと、それこそが重要なものだ。そして、その語りえないことの意義は、語ろうとする試みを戒めるなかで、おのずと示されるということである。

語りうることの外側に越境する『論考』

しかし、『論考』もまた、ときに語りえないことを語ってこなかっただろうか。世界があることの神秘や、世界の外にある意志などについて、実際に言及してこなかっただろうか。

語りうることの限界を内側から引こうとする『論考』の道のりは、「独我論の言わんとすることは全く正しい」と語られる五・六番台以降、徐々に、限界の外側への越境がはっきりと行われるようになってきている。そして、最終盤に来て、越境はよりあからさまに、誰にでも見えるようなかたちで実行されているように思われる。

六・五四節は、この「越境」の問題に関連している。ウィトゲンシュタインは言う。

「私の諸命題は、私を理解する人がそれらを通り、それらの上に立ち、それらを乗り越えて、最後に、それらが無意味であることを悟ることによって、解明の役割を果たす（言うなれば、読者は梯子をのぼりきったら、それを投げ棄てなければならない）」。

いったい、これは何を言っているのだろうか。我々がここまで読んできた『論考』の記述は、実はすべて無意味だったということなのだろうか。「読者は私の諸命題を葬り去らなければならない」（同節）というのは、実のところ、どの命題までのことを言っているのだろうか。(1)

少なくとも一定数の記述が、『論考』自身の基準からすれば無意味な命題もどきになっていることは明白である。たとえば、「独我論の言わんとすることは全く正しい」（五・六二節）という評価は本来、下しようがないはずである。実際、ウィトゲンシュタインはこの自身の言葉を直後に打ち消し、それは語りえないと続けている。また、「古代の人々は説明が尽きる地点をはっきりと認めていた分、〈現代の人々と比べて〉より明晰であった」

（六・三七二節）という、古代人への敬意の表明（あるいは、現代人への批判の表明）も、事実のみを語るという原則から越え出ている。さらに、「命題は、より高い次元を何も表現できない」（六・四二節）とか、「世界がいかにあるかというのは、より高い次元からすれば全くどうでもよいことである」（六・四三二節）といった叙述も、本来なら不可能なはずだ。「より高い次元」という順序づけも、『論考』自身の議論に照らせば無意味であるはずだからだ。

そして、そもそも何ごとかについて「語りえない」という判断を下すこと自体が、語りうることの限界を超え出る越境行為にほかならない。我々は、語ることとは独立に考えて「これについては語りうる／語りえない」という判断を下す、などということはできない。それゆえ、§19で確認したように（179頁）、語りうることの限界は、語りうることすべてを最大限に明晰に語ることを通して示せるだけである。しかし、この点を強調するウィトゲンシュタインは、同時に、論理形式は語りえないと語り（四・一二一節）、独我論の言わんとすることは語りえないと語り（五・六二節）、世界の外にある意志については語りえないと語っている（六・四二三節）。「言い表しえないことは存在する」（六・五二二節）と彼は断言するが、そう語ることを、『論考』において彼は本来禁じているはずなのだ。

「梯子」のひとつの側面――使い捨ての触媒としての『論考』

『論考』という書物はのぼりきったら投げ棄てなければならない梯子である、というのは、おそらくは二通りの意味で言われていると思われる。

ひとつはいま確認した点、すなわち、ときに『論考』は語りうることの外側に越境する禁を自ら明示的に破っている、という点にかかわっている。独我論が言わんとすることについて、世界が存在することの驚きについて、あるいは倫理や美など、敢えて踏み込んで語られている他の「語りえないこと」について、読者の多くは、ウィトゲンシュタインがそこで何を言わんとしているかを理解するだろう。というより、正確にはこう言った方が適当だろう。言語の限界に対してそのように何度も突進する『論考』の叙述に触れて、それぞれの読者があらかじめ自分のなかで抱いていた観念――あるいは、読者のなかに漠然と胚胎していた感覚――がいわば呼応するのだ、と。だからこそ、『論考』の諸命題は**「私を理解する人」**(六・五四節)が通る必要があると、彼は述べているのだろう。

読者が日常の生活においては奥底に追いやり、蓋をしていた感覚が喚起され、自己と世界に対する鮮烈な驚きが呼び覚まされる。そして同時に、それについて語ろうとすれば無意味な命題もどきを生むだけになってしまうことを、『論考』を読み通した者は理解する。『論考』が示そうとしているもの――この書物に書かれていない、「重要な第二の部分」――に対応するものを自らの内にはっきりと見出した読者にとって、この書物はもはや無用のものとなる。無意味な命題もどきは、『論考』のなかの命題もどきも含めてすべてが破棄されねばならない。そうした使い捨てのいわば触媒としての役割を、この書物は積極的に担っているのである。

「梯子」のもうひとつの側面——おのれの存在の意味を消滅させるための書物としての『論考』

ただし、これだけでは、『論考』という書物全体を投げ棄てる理由にはならない。明確なかたちで越境行為を犯している箇所以外もすべて破棄されるべきだとすれば、それは、言語批判としての哲学の、ある避けがたい運命によるだろう。

『論考』がその議論の過程で、「事実はしかじかである」（あるいは、$[\bar{p}, \bar{\xi}, N(\bar{\xi})]$）というのが命題の一般形式だと主張している点はすでに見た（§23、29）。この定義に従うならば、当の「命題の一般形式は、「事実はしかじかである」である」（四・五節）という命題も含めて、『論考』において言語批判という目的に寄与する命題は——トートロジーと矛盾という「意味を欠く」命題を除けば——すべて無意味な命題もどきであることになるはずだ。それでも、それらの命題に意味があるように我々に思われるとすれば、それは、その批判的議論の全体がまさに意味を成しているように思われるからである。

　しかし、そもそも言語批判という活動が成り立つのは、批判する対象が存在する場合に限られる。すなわち、形而上学としての哲学をはじめとする、無意味な命題もどきを生産する活動が続く限り、それを批判する活動も続きうる。これは、裏を返して言えば、皆が

『論考』を読み通し、その内容を理解し、語りえないことどもがなぜ語りえないかを悟って、実際に未来永劫語りうることのみ語るようになったならば、言語批判としての哲学も、それを構成する諸命題も、同時に意味を失う――あるいは、そもそも無意味な命題もどきの束であったことが明確になる――ということでもある。

たとえば、虫歯の治療を行う医師は、この病いを治すために努力するが、仮にすべての人の虫歯が完全に治り、今後虫歯になる人も全く現れなくなるとしたら、「虫歯を治す医師」という存在は意味を失うことになる。これと多少似たことが、哲学という病いの治療（§15：152頁）という『論考』のプログラムにも言える。その意味で、『論考』という書物は、おのれの存在の意味を消滅させるために存在する書物なのである。これが、梯子の比喩を用いてウィトゲンシュタインが指しているもうひとつの意味合いだと思われる。（ただし、哲学病の根絶は、この病いにまつわる命題の一切が――形而上学的主張であれ、その無意味さを指摘する批判的議論であれ――無意味であることが明確になるプロセスであるという点で、虫歯の根絶のケースとは異なる。というのも、後者の場合には、たとえこの病いが根絶されたとしても、虫歯という現象にまつわる諸命題が無意味であることになるわけではないからだ。）

ともあれ、『論考』の完成により、哲学病の医師として自分にやれるだけのことはやったと、当時の彼は実際に納得したのだろう。この書物の出版と前後して、彼は実際に大学を去り、学問としての哲学とは無縁の環境のなかで、地に足のついた生活を送ろうとした。

彼はオーストリアの田舎の村トラッテンバッハで小学校の教師となり、六年近く、子どもたち相手の教育の現場で悪戦苦闘することになる。

沈黙という倫理

かくして、ウィトゲンシュタインは最後の一文を記す。「語りえないことについては、沈黙しなければならない」（七節）。

語りえないことについて「沈黙しなければならない」とは、ひとつには、語ろうにも語ることができないのだから、沈黙するしかないという認識——あるいは、諦念——を表明している。しかし、同時にこれは、語ってはならないという、ひとつの倫理的な態度の表明でもある。先にも確認したとおり、語りえないことを語れば語るほど、語りたいことからずれていくことになる。そうして、我々における重要な部分を決定的に損なうことになる。それゆえに、語ってはならない。

『論考』の出版後も、ある意味では当然だが、語りえないことを語ろうとする活動が世間で止むことはなかった。しかしウィトゲンシュタインは、アカデミズムの世界に君臨するのではなく、小学校の教師となった。語りえないことは、理論があてがう超然とした場に休らうことではなく、苛烈な実践の現場に身を置くことにおいて、示される。『論考』を書き終えたウィトゲンシュタインは、まさにそのように生きようとしたのである。

（1）ウィトゲンシュタイン研究者の間でも、この点は現在に至るまで、『論考』の諸命題はどう読まれるべきかという、最も基本的な部分をめぐる大論争の主題となっている。その論争の具体的な中身については吉田寛が、吉田（二〇〇九）の第1章および荒畑・山田・古田（二〇一六）の第I章において詳しく整理しているので参考にしてほしい。

§35 『論考』序文

【抜粋】

本書を理解するのは、あるいは、ここに表されている思想やそれに似た思想を自分自身ですでに考えていた人々だけだろう。――それゆえ、本書は教科書ではない。――理解をもって読んでくれたひとりの読者を喜ばせることができれば、本書の目的は達せられたことになる。

本書は諸々の哲学的な問題を扱う。そして、それらの問題が――私がそう考えるように――我々の言語の論理に対する誤解から生じていることを示す。本書全体の意義は、たとえば次のような言葉にまとめられるだろう。およそ語りうることは明晰に語りうる、そして、言い表せないことについては人は沈黙しなければならない、と。

つまり、本書は思考に対して――あるいはむしろ、思考にではなく、思考されたことの表現に対して――限界を引く。というのも、思考に対して限界を引くためには、我々はその限界の両側を（それゆえ、思考不可能なことを）思考できなければならないからだ。

したがって、限界は言語においてのみ引くことができる。そして、限界の向こう側は端的に無意味となるだろう。

自分の努力の成果が、他の哲学者のそれとどれほど一致しているかを、私は自分で判断しようとは思わない。実際、私が本書に記したことは、その個々の論点に関して新規性を主張するものではない。私が典拠を一切挙げなかったのも、私が考えたことをすでに考えていた人がいるかどうかには関心がないからだ。

ただし、私の思想がフレーゲの偉大な業績と友人バートランド・ラッセル氏の諸著作から多くの刺激を受けていることは、ここで明確にしておきたい。

もしもこの著作に価値があるとするなら、それは次のふたつの点に求められるだろう。第一に、ここには思想が表現されている。そして、この意味での価値は、思想が適切に表現されていればいるほど、核心を突いていればいるほど、一層大きなものとなる。――この点で私は、まだ改良の可能性が多く残されていることを自覚している。それはひとえに、この課題に取り組むには私の力量があまりに貧弱だからだ。――私に代わって改良する人が現れることを願う。

他方で、本書が伝える思想が真理であることは、疑う余地のない決定的なものだと私には思われる。それゆえ私は、本質的には諸問題の最終的解決が得られたと考えている。そして、この点で私が間違っていないとすれば、本書の第二の価値は、諸問題の解決によって、いかにわずかのことしかなされなかったことになるのかを示している点にある。

一九一八年　ウィーンにて

L・W

【解説】

本書の最後に取り上げるこの序文は、実際にはまさに『論考』の冒頭に置かれているものだ。しかし、最初にこれを読むよりも、『論考』の骨子となる部分を最後まで読み通したいまの方が、遙かにその内容が判明となるだろう。

後期の方の主著『哲学探究』に関しても言えることだが、ウィトゲンシュタインの書く序文は、簡潔ながら、本文とはまた違った趣きを湛えている。もはや、その内容について解説する必要はほとんどないだろう。ウィトゲンシュタインの散文がもつ独特の魅力を鑑賞してほしい。

とはいえ、ふたつの箇所に関しては、蛇足めいた解説を少し付け加えておきたい。まず、冒頭の、「本書を理解するのは、あるいは、ここに表されている思想やそれに似た思想を自分自身ですでに考えていた人々だけだろう」という箇所である。この意味は、先の§34（335頁）で確認した点から読み取ることができる。つまり、語りうることの外側に越境する禁を自ら破る叙述によって彼が何を言わんとしているのかを理解するためには、読者がそれに対応する思想を、あらかじめ自分のなかで抱いている（あるいは、その思想の原形があらかじめ自分のなかに胚胎している）必要がある、ということである。

それから、最終段落の、「本書が伝える思想が真理であることは、疑う余地のない決定的なものだ」という叙述、および、「本質的には諸問題の最終的解決が得られた」という叙述である。その前段落において、『論考』の理論の細部や表現などについてはまだ詰めて改良する余地があることも認めつつ、最後に彼は、この書物が全体として真理を提示したということを、このように高らかに宣言している。

才気あふれる哲学・論理学者の、この若き日の確信は、しかし、およそ十年後には瓦解することになる。いったん大学から去ったウィトゲンシュタインは、一九二九年、四十歳になる年にケンブリッジへと舞い戻る。そして、『論考』の議論を自ら批判し始める。その後の彼の歩みは、一般に「後期ウィトゲンシュタイン」として知られるものである。

いったい、後年のウィトゲンシュタインは『論考』の何を乗り越えようとしたのだろうか。彼は、「〔自分の〕新しい思想は、自分の古い思想との対比によってのみ、またその背景の下でのみ、正当な照明がうけられるのではないか」[1]と述べている。実際、後期ウィトゲンシュタインは——つまり、現代哲学の極めて重要な部分は——『論考』を理解してこそ十全に理解され、はっきりとした輪郭を与えられる。その意味で、彼は終生この書物の周囲をめぐり、この書物と対峙し続けたのである。

（1）『哲学探究』〈ウィトゲンシュタイン全集8〉、藤本隆志訳、大修館書店、一九七六年、10頁。

なお、ウィトゲンシュタインが後期の思想に転回した決定的要因は何なのか、また、その転回はどういう経緯で進んでいったのか、という点については、現在に至るまで様々な議論が存在する。また、そもそも前期と後期の立場がどれほど遠いのかについても見解は様々である。たとえば、野矢茂樹は、世界にはア・プリオリな秩序が存在すると考えていた点、また、「身体」や「自然」への眼差しが欠けている点に、後期ウィトゲンシュタインから見た『論考』の誤りがあると論じている（野矢 二〇〇六、349頁以下）。また、荒畑靖宏は、論理というものに対するあまりに狭い見方に『論考』の欠点を帰し、同時に、論理が消尽する地点についてのウィトゲンシュタインの考えの転換に、彼の転回の内実を見出している（荒畑・山田・古田 二〇一六、第Ⅱ章）。ほかにも、多様な論者によって、多様な解釈がこれまで示されてきた。

いずれにせよ、彼の前期と後期の対比について考えることは、彼の哲学の核心について考えることになるのは間違いない。

文献案内

『論理哲学論考』の邦訳は、現時点で七種類も存在する。そのなかで、訳の正確さ、文章の読みやすさ、訳注や解説の質、そして入手のしやすさを鑑みれば、岩波文庫版が最良だと思われる。凡例（11頁）でも記したが、あらためてその書誌情報を載せておこう。

・ウィトゲンシュタイン『論理哲学論考』、野矢茂樹訳、岩波文庫、二〇〇三年。

次に、『論理哲学論考』の読解の助けとなる解説書・研究書を紹介したい。ただし、その種の本は日本語で読めるものに限っても厖大な数にのぼるから、それらをずらっと羅列してもかえって不便なリストになってしまうだろう。そのため、ここでは敢えて数をできるだけ絞り、本書で実際に参照している文献のみを以下に挙げることにする。

・野矢茂樹（二〇〇六）『ウィトゲンシュタイン『論理哲学論考』を読む』、ちくま学芸文庫。

（『論考』の読解を行うだけではなく、ときにその議論の欠点を指摘して軌道修正も試みながら、この書物を、たんに歴史的価値をもつ遺物としてではなく、生きた哲学書として蘇らせることを企図している。かなり踏み込んだ解釈が示されているほか、本書では省略した論理学や数学にまつわる『論考』の議論も解きほぐしている。）

・飯田隆（一九八七）『言語哲学大全I――論理と言語』、勁草書房。
（現代の英米圏の言語哲学全体を扱う全四巻の入門書の第一巻。『論考』全体を読み解くために不可欠な、フレーゲとラッセルの論理学・言語哲学上の議論の概要を理解することができる。）

・鬼界彰夫（二〇〇三）『ウィトゲンシュタインはこう考えた――哲学的思考の全軌跡 一九一二―一九五一』、講談社。
（ウィトゲンシュタインの遺稿を丹念に調査し、腑分けしながら、彼の哲学の形成と変化の過程を追う本。この本が扱う範囲は彼の晩年の思考にまで及ぶが、前半の第二部と第三部では、『論考』のテキストが形成される過程を詳しく知ることができる。）

・野村恭史（二〇〇六）『ウィトゲンシュタインにおける言語・論理・世界――『論考』の生成と崩壊』、ナカニシヤ出版。

（博士論文の書籍化。『論考』の議論の生成と中身について、また、その理論体系の崩壊の過程について、国内外の先行研究も参照しながら詳しく論じられている。また、第5章で、対象の事例を挙げる試みもなされている点も特徴的である。）

・吉田寛（二〇〇九）『ウィトゲンシュタインの「はしご」――『論考』における「像の理論」と「生の問題」』、ナカニシヤ出版。

（こちらも、博士論文が書籍化されたもの。従来の『論考』解釈の枠組みを大きく六種類に分けて整理したうえで、『論考』の言語論と、この書物の終盤で展開される倫理や生などにまつわる議論とを、一貫した流れのなかで読み解く試みが展開されている。）

・末木剛博（一九七六）『ウィトゲンシュタイン論理哲学論考の研究Ⅰ――解釈編』、公論社。

（二巻本の一巻目。四十年以上前の本であるため、訳語や論理学・言語哲学上の用語、あるいは解釈の方向性などに関して、現在の標準的なものとの違いはやはり見られる。それでも、『論考』の各節ごとに漏れなく丁寧な説明と解釈がなされており、一個一個の節を自力で検討していこうという読者にとっては、現在でも助けとなる研究書である。）

・荒畑靖宏・山田圭一・古田徹也（編）（二〇一六）『これからのウィトゲンシュタイン――刷新と応用のための14篇』、リベルタス出版。

（日本語の最新のウィトゲンシュタイン研究論集。全部で十四本の論文が収録されているが、このうち、『論考』を主題としているのは第1～3論文である。国内外の研究動向をおさえつつ、『論考』解釈をめぐる重要な論点が提示されている。）

用語の対照表

本書で採用 している訳語	原語	各種訳書・解説書で採用 されている別の訳語の例
成立している事柄	Fall	実情、起こっていること
事実	Tatsache, Fall	※同左
物	Ding, Sache	もの
事態	Sachverhalt	※同左
論理空間	logischer Raum	論理的空間
現実	Wirklichkeit	実在
像	Bild	映像、絵
論理像	logisches Bild	論理的像、論理的映像
写像	Abbildung	描写
論理形式	logische Form	論理的形式
思考	Gedanke	思考内容、思想、思念
命題	Satz	文
射影	Projektion	投影、投射
命題記号	Satzzeichen	文－記号
単純記号	einfache Zeichen	単一記号
名	Name	名前、名辞
原記号	Urzeichen	原始記号、原初記号
指示対象	Bedeutung	意味、イミ
意味	Sinn	意義、意味内容
解明	Erläuterung	注釈、解説
表現	Ausdruck	コトバ
論理的場	logische Ort	論理的領域、論理的場所
要素命題	Elementarsatz	※同左
トートロジー	Tautologie	同語反復命題
意味を欠く	sinnloss	無意味、意義を欠く
無意味	unsinnig	ナンセンス、無意義

あとがき

深く解釈に踏み入ることなしに、物事をかみ砕くことや明晰にすることはできない。それゆえ、『論理哲学論考』の入門書を目指して書かれた本書もまた、その成否はともかく、特定の解釈を展開する研究という性格を避けがたく併せもっている。

本書を読み終えたら、次は『論考』そのものを読んでほしい。本書を経由した後なら、ちんぷんかんぷんということはなくなるだろう。そして、読み込んでいく過程で、本書で示された解釈に疑問を抱くこともあるかもしれない。もちろん、私は本書で、正しいと自分が信じる解釈を示している。ただ、誤っている可能性は否めないし、多角的な視座で捉えることでより明晰になる論点もあるかもしれない。だから、文献案内（346頁）で紹介したような他の解説書や研究書も繙《ひもと》き、比較を行うこともぜひ勧めたい。同じ節をめぐって、実に多様な読み筋があることが見て取れるだろう。

そして、そうした異同の存在は、『論考』がまさに哲学史上の古典としての性格を備えていることを物語っている。古来、哲学の議論の多くは、古典の解釈をめぐる議論を通じて新しいアイディアが芽生え、育つという仕方で発展してきた。『論考』もまた、激しい議論の的となるにふさわしい、数々の魅力的な謎に満ちた書物なのである。

それから、繰り返しことわっておきたいのは、本書は入門書という性質上、多くの節やテーマ（特に論理学や数学をめぐるもの）を省略せざるをえなかったということである。『論考』にはまだまだ多くの論点、多くの興味深い文章が含まれている。本書を文字通りの足掛かりに、読者諸氏がさらに広く、深く、『論考』という森に分け入っていくことを願っている。

＊＊＊

本書の企画は、KADOKAWA文芸・ノンフィクション局からの依頼を受け、主に同局の麻田江里子さんのお世話になりながら進んだ。麻田さんからは、『論考』に全く馴染みのない読者の目線から、内容に関して様々に有益なアドバイスも賜った。また、仕上げの段階では、校正担当者の丁寧な仕事にも助けられた。記して御礼申し上げたい。

それから、ウィトゲンシュタイン研究者の荒畑靖宏さん、大谷弘さん、山田圭一さんには、目の回るほど多忙な日々のなか、本書の草稿に目を通していただき、いくつもの重要なご指摘を受けた。多くの誤りを正すことができ、本当に感謝に堪えない。また、彼らの忠告に対していくつかの箇所で従っていないことに対しても、この場を借りてお詫びを申し上げたい。（そういう次第なので、本書になお残っているであろう誤りに対する責めは、言うまでもなく私自身にある。）

もうひとつ、有り難かったのは、本書の基本構想を学生に向けて話す集中講義の機会を昨年夏に得たことである。九州大学文学部箱崎キャンパスの一室「哲学・哲学史演習室」にて、熱心に参加していただいた皆さんにも、深く謝意を表したい。講義の際に寄せられた質問や異論、あるいは困惑の表情などが、内容を改善する大きな助けになった。いま本書を書き終わって思い出すのは、その演習室の風景である。

平成三十一年　仲春

古田　徹也

論理（Logik）、論理的　43 79-82 126 128 131-132 145-146 149-152 160 162-167 173-174 177 188-190 207 216 223 225-227 230 244 246-247 252-253 259 268 273-274 280 284-285 286-289 296 340（Cf. 論理形式、論理的性質）
論理学（Logik）　129-130 132 134-136 151 164-165 199 217-218 278-285
論理空間（logischer Raum）　37 **40-42** 45 48-49 52-53 **58-59** 60 68 74-75 82-84 95 104 110 141 144 161 171 179 181 208 212-215 248-249 282-283 290 292 297 306 308 **320** 321 326（Cf. 永遠、永遠の相）
論理形式（logische Form）、論理的性質　62 **69-70** 122 146 150-151 165-167 174-175 179-181 250-253 279 282 284 334（Cf. 形式；論理、論理的）
論理像（logisches Bild）　62 **69-71** 79-80 147（Cf. 像）
論理定項（logische Konstante）　162 **163-164** 167 198 210 232 234-238
論理的構文論（logische Syntax）　→構文論
論理的場（logische Ort）　141 **144** 169-172 212-215 233-234 249

104-106 109-110 112-114 117-119 125-127 130 143 161 162-163 167 183-187 235 243 245-246
内的（inner　intern）　175 179-180 223 230 232 235 238
謎（Rätsel）　311-312 315-318 327-328
日常言語（Umgangssprache）、自然言語　120 123-133 139 142-143 145-146 149-152 160 165-166 177 181 244 247 263
ニュートン力学（Newtonsche Mechanik）　286 289-290 292 296-297
認識の生　307 309 322-324
【は】
梯子（Leiter）　329 333 335-337
美（Ästhetik　Schöne）　27 123-124 146 150 295 297 302-303 326
必然的、必然性　77-78 110 139 164 188-189 223 225-226 228-229 232 270-274 281 283 285 287-289 292 297 300
否定　163-164 169-172 222 226 231 234-237 240-242
表現（Ausdruck）　→シンボル
複合命題　100 130 143 164 185-186 189 196 220 224 226 229
分節化　45-47 54 65 86 88-89 91 104
文法　121 127-129 160 267
文脈原理　**89** 112-113 142 167-168 184-185
変項、変数　113 **115-116** 118 240 277
本質（Wesen）、本質的　43 46 67 71 105 112-114 117 137-140 154-157 159 173 208 220 280 282-284
翻訳（Übersetzung）　128-129 138-139
【ま】
無意味（unsinnig）　→意味を成さない
無時間的　→時間
矛盾（Kontradiktion）　204 206-209 211-217 220 250 279 283-285 336
命題（Satz）　35 **64** 65-66 72
命題記号（Satzzeichen）　85-92 137 194 199-200 202-203
命題（像）の構造　61 69 125-126 130-132 149 165 180-181 201-202 223 226 230 232-233 235 238 330
命題の一般形式（allgemeine Form des Satzes）　112 116 219-220 276-277 336
命題の総体　96 100 145 148 173 176 219 244-245（Cf. 言語）
命題もどき　→疑似命題
模型（Midell）　35 60 63-67 71-72 91（Cf. 像）
物（Ding　Sache）　→対象
【や】
要素命題（Elementarsatz）　93 94-101 117 122 125-126 130 143 183-196 199-203 206 208-209 212 215 217 219-221 222-225 229 231-235 238 240 243-247 276-277 281-283 290
要素命題の両立可能性（相互独立性）　183 187 **188-189** 190-191 229
【ら】
倫理（Ethik）　27-28 295-297 299-301 **303** 304-305 330 335 338
倫理学（Ethik）　27 255-257 295 309-310 324

人工言語　127-132 150-151 166（Cf. 概念記法）
人生の意味　255 257 298 313 315-316 318 330
神秘（mystisch）　251 253 293 312-313 318 324-327 332
シンボル（Symbol）、表現（Ausdruck）　112-113 **114** 115-123 126 208 278
真理関数（Wahrheitsfunktion）　→関数
真理条件（Wahrheitsbedingung）　101 193-194 **196** 197-202 204 206 209-210
真理操作（Wahrheitsoperation）　→操作
真理表　**199** 202 204 209-212 224 241-242
推論、推論的関係　134-135 223 **227** 228-229 232 261 271 281 283
数学　14 134-135 217-218
成立していない事態、虚構　37 40 42 52 55-59 **62-63** 67 82 184 186 251
世界記述の形式　286 289-293 297 305-306
世界の強弱　296 307 324
絶対的価値　→価値
説明（Erklärung）　287-288 292-293 301-302 333
善（gut）　146 150 257 296 300 303-304 306 308 326-327
全体論　**142** 143-144 149-150 179 246 321
像（Bild）　35 61-62 **63** 64-82 86 91 154-156 207 212（Cf. 模型；論理像）
操作（Operation）　163-164 171-172 218 230-242 245 276-277 279 282
操作の反復適用（successive Anwendung）　218 231 236-238 240 276-277 279 282
相対的価値　→価値
相貌（Zug）　175 180
【た】
対象（Gegenstand）、物（Ding Sache）　37-39 43-44 **45** 46-54 60-61 63 65 67-69 86 90 92 **99-101** 104 162-163 185
魂（Seele）　27-29 311 314-315 330
探究のパラドックス（探究のアポリア）　108-110
単純記号（einfache Zeichen）　→原記号
知覚可能（wahrnehmbar）　85-86 113-114 120 122
超越論的（transzendental）　**251** 252-253 262 280 284 295 303-304
定義（Definition）　91-93 105-106 **107** 111 135 138
哲学（Philosophie）　27-29 94 121 123-126 137 146 150-151 **152-153** 173-174 176 **177-178** 182 262 266 329-331 336-337 340
哲学的自我（philosophische Ich）　→主体
導出　→帰結
独我論（Solipsismus）　260-261 264-265 269-275 333-335
トートロジー（Tautologie）　206-218 220 249-250 253 278-285 336
【な】
名（Name）　90 **91-93** 95-101

言語と思考の関係　30-31 82-83 340-341
言語批判（Sprachkritik）　146 **151** 152-153 177-178 182 330 336-337
現実（Wirklichkeit）、事態の成立・不成立　35 55 **56-59** 60-72 74-77 80 87-88 154-157 163 166 169-170 173-176 179 192 207 212 216 226-227 271
語（Wort）　47 85-86 **88-89** 92-93 96 100 105-107 109 117 120-121 123-125 185
構造の可能性　**51-52** 53-54 61 68-70 179（Cf. 命題の構造）
幸福（Glücklichkeit）　296 307-309 322-323 326
構文論（Syntax）　121-122 **127** 128-130 160-161 216 250 267
個別性　71 137-140

【さ】

死（Tod）　311 313-315 322-323
自我（Ich）　→主体
時間（Zeit）、時間的　46 50 53-54 109-110 185 208 252 265 290 311-312 317 320-322
思考（Gedanke）　30-31 79 **80-81** 82-83 85-86 90-91 140 145-147 173-174 176-178 259-260 268 274 340-341
指示対象（Bedeutung）　90 101-103 107-108 112-113 118 121-122 124-125 167 185 243 279
事実（Tatsache　Fall）　37-46 55-61 63 65 79-80 85-86 154-155 157 162-163 175 219-220 247-251 271 292-293 296 301-306 312 317 319 326 334
自然科学（Naturwissenschaft）　→科学
自然言語　→日常言語
自然法則（Naturgesetz）　287-289 291-293
事態（Sachverhalt）　43-44 **45** 46-49 51-59 62-69 75 79-84
事態の成立・不成立（Bestehen und Nichtbestehen）　→現実
実在論　83 96 261 273 275
示す（anzeigen　zeigen）、示される　61 71-72 103 105 174-175 179 181-182 217-218 252 260 265 268-269 273 278-280 282 284-285 291 304 313　332 334 335 338
射影（Projektion）　85 **86-87**
写像（Abbildung）　35 60-62 **66** 69 72 154 157
写像形式（Form der Abbildung）　61-62 **68-69** 70-72 74-75 80 87-88 99 179
自由（Freiheit）、自由意志　223 228 291 305 326-327
主体（Subject）、自我（Ich）　260 261-262 **266** 267-275 305 331
使用（Anwendung　Gebrauch　Verwendung）　103 **104** 105-107 109-111 121-122 124-125 142 167 216 250
状況（Sachlage）　44 **45** 56 60 66 74-75 79 81 85 90 92 154-156 159 200-201 207 212 215-216 223（Cf. 事態）
象形文字（Hieroglyphenschrift）　154 156

索　引

事項索引に関しては、事項に関連する重要なページのみ表している。
また、特に事項の説明がなされているページは太字で表している。

人名（五十音順）

アリストテレス（'Αριστοτέλης B.C.383-322）　134 309
オッカム（William of Occam 1280 頃 -1349 頃）　122 124-125
シェファー（Sheffer, H. M. 1882-1964）　238-239
ショーペンハウアー（Schopenhauer, A. 1788-1860）　24 320
スピノザ（Spinoza, B. de 1632-1677）　319-320
ニュートン（Newton, I. 1642-1727）　286 289-290 292 296
ハイデガー（Heidegger, M. 1889-1976）　254
バークリ（Berkeley, G. 1685-1753）　275
パルメニデス（Παρμενίδης B.C.515 頃 -450 頃）　321
フレーゲ（Frege, G. 1848-1925）　14 17 89 102 118 121 129-130 132 134-136 161 172 204 229 232 234 341
マウトナー（Mauthner, F. 1849-1923）　146 151-153
マルコム（Malcolm, N. 1911-1990）　21 328
ムーア（Moore, G. E. 1873-1958）　15 18-19
ラッセル（Russell, B. 1872-1970）　14-18 118 121 129-130 132 135-136 146 232 234 341
荒畑靖宏　344 349
飯田隆　89 102 136 161 168 347
鬼界彰夫　102 347
末木剛博　110-111 348
野村恭史　73 191 205 348
野矢茂樹　118-119 136 191 204-205 218 229 238 344 346
吉田寛　205 339 348

事項（五十音順）

【あ】

ア・プリオリ（a priori）　42 75 **76-78** 88 94 97 99 139 150 185-186 208-209 212 217 223 227 243-247 250 274 284-285 289 308-309 323 326 344（Cf. 必然的、必然性）
ア・ポステリオリ（a posteriori）　**77-78** 88 97 189 208（Cf. 経験、経験的；偶然的、偶然性）
意志（Wille）　223 228 260 265-266 294 296 304-308 324 327 332 334
意志の自由（Willensfreiheit）　→自由、自由意志
意味（Sinn）　74 **75-76** 88 101-102 112-114 118 155-157 **200-201** 204-205 222 224-225
意味を欠く（sinnlos）　204 206

古田徹也（ふるた・てつや）

1979年生まれ。東京大学大学院人文社会系研究科准教授。東京大学文学部卒業、同大学院人文社会系研究科博士課程修了。博士（文学）。新潟大学教育学部准教授、専修大学文学部准教授を経て、現職。専攻は、哲学・倫理学。著書に、『はじめてのウィトゲンシュタイン』（NHKブックス）、『不道徳的倫理学講義』（ちくま新書）、『言葉の魂の哲学』（講談社選書メチエ／第41回サントリー学芸賞）、『それは私がしたことなのか』（新曜社）ほか。訳書に、ウィトゲンシュタイン『ラスト・ライティングス』（講談社）、共訳書に、『ウィトゲンシュタインの講義　数学の基礎篇』（講談社学術文庫）ほか。

角川選書 1003

ウィトゲンシュタイン　論理哲学論考《ろんりてつがくろんこう》

シリーズ世界《せかい》の思想《しそう》

平成31年4月26日　初版発行

令和6年5月10日　8版発行

著　者　古田徹也《ふるたてつや》

発行者　山下直久

発　行　株式会社 KADOKAWA
東京都千代田区富士見 2-13-3　〒102-8177
電話 0570-002-301（ナビダイヤル）

装　丁　片岡忠彦　　帯デザイン　Zapp!

印刷所　横山印刷株式会社　　製本所　本間製本株式会社

ISBN978-4-04-703631-4 C0310

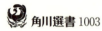